Scott Cunningham

# Wicca-Praxis

SCOTT CUNNINGHAM

# WICCA
## PRAXIS

Handbuch für Fortgeschrittene

Aus dem Englischen übertragen von
Eluan Ganzhal

NIKOL
VERLAG

Die amerikanische Originalausgabe erschien 1993 unter dem Titel »Living Wicca – A Further Guide for the Solitary Practitioner« im Verlag Llewellyn Publications, Woodbury, MN 55125, USA (www.llewellyn.com).

MIX
Papier | Fördert gute Waldnutzung
FSC® C083411

Genehmigte Lizenzausgabe 2023 für
Nikol Verlagsgesellschaft mbH & Co. KG, Hamburg



Umschlaggestaltung: Nele Schütz Design unter Verwendung von Shutterstock/Nadezhda Shu (Mondphasen, Ornament), AlyonaZhitnaya (magische Utensilien)
Bilder im Innenteil: © by Llewellyn Worldwide
Gesetzt aus der Souvenir
Satz: Pinkuin Satz und Datentechnik, Berlin
Druck und Bindung: CPI Moravia Books s.r.o.
Printed in the Czech Republic

ISBN: 978-3-86820-775-0

Besuchen Sie uns im Internet:
**www.nikol-verlag.de**

## Ein Hinweis für »traditionelle« Wiccas

Auch dieses Buch ist ein Leitfaden für allein praktizierende Wiccas und darf keineswegs als Angriff auf normale Wicca-Traditionen, Covens oder gewohnte Ausbildungsprozesse verstanden werden. Wie mein vorheriges Grundlagen-Buch *Wicca* (Ullstein Taschenbuch 74250) ist es für Personen gedacht, die keinen direkten Zugang zu anderen Praktizierenden, Coven oder die Ausbildung durch einen erfahrenen Wicca-Anhänger haben.

Vielleicht empfinden einige dieses Buch als Beleidigung ihrer Wicca-Form. Deshalb wiederhole ich: Es ist ein Leitfaden für allein praktizierende Wiccas und schmälert in keiner Weise irgendeine andere Wicca-Tradition.

Lesen Sie es mit offenem Herzen und denken Sie an die Zeit, in der auch Sie noch auf der Suche waren.

*Dieses Buch ist allen gewidmet,*
*die Wicca allein und für sich selbst praktizieren*

# Inhalt

## Teil III
## Die eigene Wicca-Form

# *Einführung*

In diesem Buch finden Sie noch mehr Tipps für allein praktizierende Wiccas. Es wird vorausgesetzt, dass die LeserInnen bereits Erfahrungen in unserer Religion gesammelt haben. Deshalb werden nicht alle Begriffe genau erklärt. Wenn Sie Fragen haben, können Sie das Glossar zu Rate ziehen.

Teil I dieses Buches enthält Gedanken zu verschiedenen wichtigen Themen, die für allein Praktizierende von Belang sind. Teil II ist eine Sammlung von täglichen Gebeten und Ritualen – Opfer, Danksagung – und gibt auch Empfehlungen, um Gebet und Magie wirksam werden zu lassen. Teil III zeigt, wie man eine eigene Wicca-Form entwickeln kann.

Dieses Buch habe ich auf der Basis eines Grundsatzes geschrieben – dass Wicca eine offene Religon ist. Alle können vor den Altar treten und die Göttin und den Gott verehren, ob sie nun allein oder mit anderen sind, eingeweiht oder nicht eingeweiht sind. Wicca ist für alle verfügbar, die sich dafür interessieren.

Ich habe dieses Buch für Menschen geschrieben, die sich daran begeistern können, wie der Mond durch die Bäume scheint, die begonnen haben, die feinstoffliche Welt jenseits unserer Alltagsstrukturen zu erforschen, und die mit erhobenen Armen im Kreis stehen, um die Göttin und den Gott zu grüßen – während die Kerzen auf dem Altar inmitten der Weihrauchschwaden flackern und leuchten. Ich habe es für die unter uns geschrieben, die willentlich oder durch Zufall ganz allein vor der silbernen Herrin des Mondes und dem gehörnten Gott standen.

Viele, die mein Buch *Wicca-Einführung in Spiritualität und Praxis der Neuen Hexenkunst* (Ullstein Taschenbuch 74250) gelesen haben, baten mich, ein zweites dieser Art zu schreiben, einfach weil es so wenig Lektüre für allein Praktizierende gibt. Ich hoffe, dass dieses Buch zumindest teilweise dieses Bedürfnis erfüllt.

Bis zum nächsten Mal sage ich: Der Segen ruhe auf uns allen.

*Scott Cunningham,*
*La Mesa, Kalifornien, 10. Juli 1992*

# TEIL I

# Lernen

# Kapitel 1
# Vier Wege des Lernens

Wer zu einem Hexen-Kreis gehört, hat die Möglichkeit, LehrerInnen zu treffen, gemeinsam mit den anderen Mitgliedern zu lernen und vom Wissen erfahrener Wiccas zu profitieren, um die eigenen Wicca-Kenntnisse zu bereichern und zu gestalten. Wiccas, die allein praktizieren, müssen auf das alles verzichten. Woran können sie sich halten, um mehr über unsere Kunst zu lernen?

Wir müssen kreativ sein. Uns selbst weiterzubilden ist eine große Herausforderung, aber es gibt vier Wege, wie wir es schaffen können:

- Lesen
- Nachdenken
- Beten
- Experimentieren

Auf diese Weise können auch allein praktizierende Wiccas ihr Verständnis der Wicca-Kunst erweitern. Mit diesem vierfachen Zugang können wir uns fast alle aufkommenden Fragen beantworten, wenn wir bereit sind, uns selbst zu vertrauen und selbst nachzudenken – ohne uns in Befürchtungen zu verstricken, dass wir vielleicht irgendetwas falsch machen könnten.

Es gibt nicht die eine richtige Methode, einen magischen Kreis zu ziehen, um Göttin und Gott anzurufen, um die Jahreszeiten mit Ritualen zu feiern oder Wicca-Magie zu vollziehen. Da es so viele verschiedene Methoden gibt, bietet sich allein praktizierenden Wiccas eine einzigartige Perspektive:

Sie können neue Formen der Praxis entdecken – solche, die anderen vielleicht entgangen sind, weil sie nur ganz bestimmte Richtungen der magischen Verwirklichung zulassen.

Und wie geht es? Wie gesagt: Durch Lesen, Nachdenken, Beten und Experimentieren.

## Lesen

Bücher haben immer schon etwas Magisches gehabt. Wir blättern um und tauchen zum Meeresboden hinab, wir erleben die unermessliche Weite der Wüste oder landen auf der Mondoberfläche. Bücher können unseren Geist erheben, unsere Wunden heilen, unseren Mut stärken und unsere religiöse Entschlossenheit intensivieren. Manchmal wecken sie auch unsere Neugier, schärfen unsere Intelligenz, vermitteln uns neue Fertigkeiten und modifizieren unsere Ansichten. Bücher sind mächtige Instrumente der Transformation.

Viele Leute haben Wicca durch Bücher kennen gelernt, und die meisten von ihnen lassen sich von Büchern auf ihren ersten Schritten begleiten. Bücher, die von erfahrenen Wiccas übersichtlich und klar geschrieben worden sind, können wertvolle Lernhilfen sein. Ja, gute Bücher werden zu Freunden und magischen Mitarbeiterinnen, sie werden zur Hohepriesterin und zum Hohepriester.

Erfahrene Hexen, die bereit sind, Wicca zu lehren, sind sehr dünn gesät und können auch nur wenige Lernwillige unterrichten. Deshalb sind es Bücher, die magische Erfahrungen vermitteln und zur Autorität werden. Deren AutorInnen fungieren dann meistens als LehrerInnen für eine neue Hexengeneration.

Aber manchmal führt es zu Verwirrung, wenn man zu viele Bücher liest. Verschiedene Autoren machen oft widersprüchliche Aussagen über Hexenrituale und Wicca-Prinzipien. Einige verdunkeln das Hexenwissen durch mystische Wortwahl – durchaus mit Absicht. Und wenn eine Autorität nach der anderen behauptet, dass ihre Methode die beste oder wirkungsvollste ist, kann es passieren, dass allein praktizierende Wiccas, die um Antworten ringen, nur noch unsicherer werden. (Heute kommt das nicht mehr so oft vor, aber es gibt noch immer viele ältere Bücher, die einen solchen Unfehlbarkeitsanspruch vor sich her tragen).

In dem einen Buch wird vielleicht gefordert, dass der Altar im Osten stehen muss, ein anderes empfiehlt, ihn im Norden zu platzieren. Eine Autorin schreibt, dass die Bewegung gegen den Uhrzeigersinn im Kreis verboten ist, eine andere schickt die Leser in genau diese Richtung. Daten und Namen für Jahresfeste und andere Feiern variieren beträchtlich bei den verschiedenen Autoren. Auch magische Ritualgegenstände haben verschiedene Namen, Eigenschaften und Funktionen.

Schließlich werden die Bücher, die allein praktizierende Wiccas zunächst inspiriert haben, zu einer Quelle der Verwirrung und Verzweiflung. Sie werden weggepackt. Die LeserInnen kommen zu dem Schluss, dass sie auf diese Weise nicht weiterkommen.

Das ist schade. Aber es muss ja nicht sein. Wir brauchen uns ja nur klar zu machen, dass alle diese Bücher von unterschiedlichen Personen stammen, die uns alle etwas anderes beibringen können. Jede Lehrerin und jeder Lehrer hat unterschiedliche Ideen zu einem Thema. Stellen wir uns vier erfahrene Rennfahrer vor, die Anfänger unterrichten. Jeder von ihnen erklärt seinen Schülern die Grundlagen dieses gefährlichen Sports. Da geht es um die schnellsten Motoren, das beste Öl, die effektivste Strategie während des Rennens. Jeder dieser Rennfahrer lehrt das Thema auf seine Weise und formuliert dabei seine eigenen Präferenzen. Trotzdem lehren sie alle den Rennsport.

Ganz ähnlich ist es mit Wicca-Lehrbüchern. Durch Erfahrung und Weiterbildung haben Wiccas ihre jeweiligen Idealvorstellungen entwickelt, und natürlich kommen diese in ihren Büchern zum Vorschein. Meinungsverschiedenheiten zwischen Experten gibt es in allen Disziplinen: Sie sollten niemanden abschrecken.

Wenn Sie scheinbar widersprüchlichen Informationen begegnen, so ist es am besten, sie genau zu prüfen und dann zu entscheiden, welcher Sie folgen wollen. Hören Sie auf Ihre Intuition! Mit anderen Worten: Sie dürfen sich frei fühlen, unter allen publizierten Ritualen und Methoden das zu wählen, was sich richtig anfühlt. Eine solche intuitive Auswahl erweist sich meist als der richtige Weg.

Und schon höre ich, wie einige von Ihnen sagen: »Halt! Das könnte ich nie tun! Ich, ich wüsste nicht, ob ich das richtig mache. Ich brauche jemanden, der mich anleitet!«

Aber es geht ja um Sie selbst. Sie werden zu Ihrem eigenen Lehrer, und aus den Büchern können Sie Ihre Lehren ziehen. Lernen Sie, sich selbst zu vertrauen. Beantworten Sie sich Ihre Fragen selbst so gut Sie können. Denken Sie nach! Beten Sie! Probieren Sie es aus (siehe dazu auch die folgenden drei Abschnitte dieses Kapitels). Und tun Sie es einfach!

Bücher sind nicht narrensicher. Manche Bücher enthalten so gut wie keine exakte Information. Viele Leserinnen und Leser neigen dazu, alles zu glauben, wenn es nur gedruckt ist. »Schließlich steht es ja hier in diesem Buch geschrieben!«, sagen sie. »Das beweist, dass es wahr ist.« Unglücklicherweise kann fast jeder ein Buch schreiben und auch veröffentlichen lassen. Ist das etwa eine Garantie, dass Bücher nur Wahrheiten enthalten?

Nein. Ganz im Gegenteil: Einige wenige Verlage, die sich auf Nischenthemen spezialisiert haben, veröffentlichen noch immer Bücher, die von Lügen über das »satanische« Wesen der Hexenkunst nur so strotzen, die ihre Riten als Menschenopfer, Orgien und Gebete zum Teufel darstellen. Solche Bücher werden von einigen wenigen selbst ernannten Christen verfasst. Woran kann man sie von den anderen

Büchern im Regal des Buchhändlers unterscheiden? Durch immer wiederkehrende Zitate aus der Bibel. Diese hasserfüllten Schmöker haben nichts zu lehren und sollten am besten gemieden werden.

Dann gibt es auch Bücher, die von Wissenschaftlern und anderen Autoren geschrieben wurden, denen daran liegt, die Hexenkunst in Glauben und Praxis genau wiederzugeben, Aber auch sie enthalten manchmal falsche Informationen. Die meisten Kompendien des Wicca-Glaubens (wie etwa Tanya Luhrmann's *Persuasions of the Witches' Craft*) sind von der Tendenz der Autorinnen oder Autoren so sehr geprägt, dass sich nur wenig Wahrheit auf ihre Seiten verirrt hat. Auch solche Bücher sollten am besten gemieden werden.

Und das gilt prinzipiell für alle Bücher, die von Außenstehenden über Wicca verfasst wurden.

Eine weitere Fallgrube, auf die man in Bücher stoßen kann, sind faszinierende Beschreibungen negativer Magie. Aber solche Passagen finden sich meist in alten Zauberbüchern, nicht in Wicca-Texten. Trotzdem können allein praktizierende Wiccas natürlich solche schwarzmagischen Texte durchlesen – die meisten beschreiben wundersame Verfluchungen und verraten zahlreiche Methoden, um Feinde zu verhexen. Auch wenn solche Bücher ansonsten gute Informationen enthalten, zementieren Passagen dieser Art die irrige Vorstellung, dass negative Magie akzeptabel ist. Solche Textstellen widerlegt und entkräftet man am besten durch eine einfache Rezitation des Wicca-Gesetzes: »Tu niemandem etwas zu Leide!«

Schließlich gibt es noch einige ältere Bücher über die Hexenkunst, die vollkommen falsche Aussagen machen, aber in einer Weise, als seien es erwiesene Fakten. Da heißt es zum Beispiel: »Wicca ist eine britische Religion.« Oder: »Man muss diese Riten nackt durchführen.« Oder: »Sexuelle Rituale sind für die Hexenkunst unerlässlich.« Oder die altbekannte Weisheit: »Nur eine Hexe kann eine Hexe machen«, das heißt, man braucht eine Einweihung durch eine andere Hexe. Diese Äußerungen haben ihren Platz in den Traditionen der jeweiligen Autorinnen und Autoren, und dort mögen sie auch stimmig sein. Aber außerhalb davon gelten sie eben nicht. Wenn wir in Büchern auf sie stoßen, können wir sie ignorieren.

Eine der gängigsten Fehlinformationen über Wicca findet man in Büchern, die ihre Entstehung in längst vergangene Zeiten verlegt. Darüber will ich mich jetzt nicht auslassen. Ich rate Ihnen nur, solche Legenden mit viel kritischer Urteilskraft zu lesen und nicht alles ernst zu nehmen.

Bücher sind also keine unfehlbaren Informationsquellen, aber auf dem »Weg der Einsamkeit« können sie zu wertvollen Verbündeten werden. Allerdings sollten Sie dabei Folgendes beachten:

- Bücher sind zum Gebrauch bestimmt. Die Lehren, die sie enthalten, müssen wir praktisch anwenden.
- Bücher können nicht jede Frage beantworten, aber das kann auch nicht jede Hohepriesterin oder Lehrerin.
- Setzen Sie beim Lesen Ihre Urteilskraft ein! Wenn ein Autor kühne Behauptungen aufstellt, die Sie als unrichtig erkennen, so sollten Sie damit rechnen, dass das Buch noch mehr falsche Informationen enthält.
- Versehen Sie Ihr Buch mit Lesezeichen und Markierungen. Unterstreichen Sie wichtige Passagen mit Bleistift oder markieren Sie wertvolle Abschnitte mit Lesezeichen. Vielleicht haben Sie Lust, den Index zu erweitern (das tun viele Hexen). Puristen kaufen vielleicht ein zweites Exemplar desselben Buches und lassen es in jungfräulicher Unberührtheit auf dem Bücherbrett stehen.
- Kombinieren Sie Informationen aus mehreren Büchern über ein bestimmtes Thema wie etwa Magie, die Mobilisierung von Energie oder das Ziehen des magischen Kreises. Machen Sie sich Notizen und untersuchen Sie die Lehren mehrerer Bücher. Dies erleichtert die Aneignung

und Anwendung der jeweiligen Information. Auf diese Weise können Sie besser herausfinden, was für Sie funktioniert. Dieses Sammeln, Verbinden und Anwenden von Informationen ist ganz wesentlich, wenn man eine neue Technik, einen Beruf, ein Hobby oder ein Glaubenssystem erlernen will. (Siehe dazu auch Teil III dieses Buches).

- Wenn Ihr Geldbeutel es nicht zulässt, Bücher zu kaufen, so planen Sie Ihre Ausgaben anders oder besuchen Sie Antiquariate in Ihrer Gegend. Auch in Büchereien können Sie fündig werden. Allerdings dürfen Sie nicht erwarten, dass Sie Hexenbücher im Regal finden – sie werden nämlich meistens gestohlen, wenn sie offen zugänglich sind. Die meisten Büchereien verwahren okkulte Bücher hinter der Theke oder im Magazin. Manche Bibliotheks-Angestellte begegnen Ihnen vielleicht mit Abwehr, wenn Sie Hexenbücher suchen. Wenn das der Fall ist, so sagen Sie einfach, dass Sie eine Hausarbeit über dieses Thema schreiben müssen. Sie können auch fragen, ob der oder die Betreffende damit ein Problem hat. Oder Sie sagen einfach gar nichts! Starren Ihrem Gegenüber einfach solange in die Augen, bis Sie Ihr Buch haben. Aber den meisten BibliothekarInnen ist es vollkommen egal, was für Bücher ausgeliehen werden.
- Ein letzter Punkt: Glauben Sie nicht, dass Lesen ein passiver Prozess ist. Vielmehr sollten Sie es zu einer aktiven Tätigkeit machen, in der Sie selbst die Hauptrolle spielen. Hinterfragen Sie alles, selbst dieses Buch und meine Anleitungen! Analysieren Sie, was Sie lernen! Nehmen Sie nie alles wörtlich, was ein Autor oder eine Autorin schreibt! Suchen Sie nach ähnlichen Themen. Vergessen Sie nie das Gebot, dass Sie niemandem schaden dürfen! Bücher sind wunderbare Lehrer, aber wir bei der Verarbeitung ihrer Botschaften müssen wir uns selbst vertrauen, damit sich ihre Lehren in uns entfalten können.

## Eigenes Nachdenken

Es ist äußerst wichtig, beim Lernen selbständig zu denken – wie ich bereits erwähnte. Ihre Denkprozesse dürfen nicht abreißen, wenn Sie ein Buch zugemacht haben. Viele Wicca-LehrerInnen sagen, dass die Seminare, die sie leiten, nur ein Einstieg ins Hexenstudium sind: Aber das Lernen muss immer weitergehen. Und das ist nur möglich, wenn wir über unseren Lernstoff weiter nachdenken.

Aber in den meisten Bildungseinrichtungen unseres Landes wird genau umgekehrt unterrichtet: »Glauben Sie dies!« »Denken Sie jenes!« heißt es meistens. Unabhängiges Denken ist Sand im Getriebe der normalen Bildungssysteme und wird als Bedrohung der alten Ordnung verstanden. Es wird nur auf der höchsten Forschungsebene und in sehr spezialisierten Disziplinen zugelassen – etwa in Doktorstudiengängen, medizinischer Forschung, Physik etc.

Denken ist oft auch ein Hinterfragen, ein Rückfragen, das einen Lernprozess auslöst. Die Frage: »Wie ziehe ich einen magischen Kreis?« kann durch Lektüre beantwortet werden. Aber dann muss man darüber nachdenken, was man gelesen hat. Dieser Denkprozess *muss* der Entdeckung einer neuen Information folgen, wenn er diese irgendeinen praktischen Sinn haben soll.

Wenn Sie zum Beispiel verschiedene Methoden, den Kreis zu ziehen, durchdenken, können Sie unbefriedigende Informationen aussortieren. Wenn eine Anweisung für die Weihe eines Kultdolches Sie langweilt oder zwei Personen erfordert, dann können Sie sie ohne weiteres ad acta legen. Wenn Sie also über Ihre Lektüre nachdenken, können Sie Unpassendes eliminieren und so zu Ihrer eigenen, echten Hexenkunst gelangen. Und dies ist – wie gesagt – ein integraler Aspekt des Lernprozesses.

Das alles trifft in gleicher Weise auch auf alle möglichen anderen Themen zu – das Wesen von Göttin und Gott,

Reinkarnation, Sittlichkeit und alle sonstigen Aspekt der Hexenkunst in Theorie und Praxis.

Viele frischgebackene, allein praktizierende Wiccas haben offene Fragen in Bezug auf die Göttin: »Wie sieht Sie aus?«, »Wie kann man am besten Kontakt zu Ihr aufnehmen?«, »Ist Sie wirklich existent?«, »Kann ich Sie berühren?«, »Woher kommt Sie?«, »Welchem Mythos sollte ich mich zuwenden?«

Viele solcher und ähnlicher Fragen können durch Studium und Nachdenken beantwortet werden; andere erfordern jedoch Gebet und Experiment.

*Denken* sollte auch mit *Gefühl* verbunden sein. Wir wurden gelehrt, unseren Gefühlen zu misstrauen. Aber gerade unsere Gefühle haben uns zur Hexenkunst, zur Wicca-Praxis geführt. Wäre es denn klug, sie beiseite zu stoßen? Ich glaube nicht!

Intuition – das unerklärliche Wissen oder Fühlen, das sich in unserem Bewusstsein bemerkbar macht – ist eine Form von übersinnlichem Gewahrsein. Beim Erlernen der Hexenkunst ist gerade der Einsatz dieser Fähigkeit von größter Wichtigkeit. Denn sie ist der Filter, durch den Sie fragwürdige Informationen prüfen können. Ihre intuitiven Reaktionen auf Informationen können durchaus Ihre Entscheidungen bestimmen.

Das Denken gehört also ganz grundsätzlich zum »einsamen Wicca-Weg«. Ich möchte es folgendermaßen zusammenfassen:

- Präzisieren Sie Ihre Fragen!
- Lernen Sie, Wissen herauszuarbeiten!
- Werden Sie sich Ihrer Gefühle in Bezug auf dieses Wissen bewusst! Verlassen Sie sich auf Ihre Intuition.
- Bestimmen Sie auf dieser Grundlage, welche Information auf Ihre »einsame Wicca-Arbeit« anwendbar ist.

Solche Prozesse sind für allein praktizierende Wiccas wichtig. Reflektieren Sie über das, was Sie erfahren haben! Vertrauen Sie sich selbst, Ihrer Intuition, Ihren Gefühlen! Und lernen Sie!

## Beten

Beten ist einer der vier Wege für angehende Wiccas. Wenn Sie an eine scheinbar unüberwindliche Grenze geraten sind, wenn die erforderliche Information in keinem Buch zu finden ist oder wenn angebotene Lösungen Sie verwirren, hilft nur Beten. Wenn Sie ein echtes Bedürfnis nach Hilfe haben, bitten Sie um diese Hilfe. So ein Gebet braucht kein langwieriges Ritual, vor allem, wenn Sie Ihre eigenen Ritualabläufe noch nicht entwickelt haben. Vielleicht haben Sie Lust, während des Gebets eine Kerze zu entzünden oder im Wald oder einem Park spazieren zu gehen. Vielleicht beten Sie lieber, während Sie Ihre Katze streicheln, in ein Feuer blicken, unter der Dusche stehen oder sich in der Badewanne räkeln. Sie können auch gängige Weissagungsinstrumente einsetzen – wie etwa Tarotkarten, Pendel oder Runensteine, aber möglichst erst *nach* dem Gebet, nicht vorher!

Der Aufbau des Gebetes ist weniger wichtig als die Klarheit Ihres Wunsches und die Emotion, mit der Sie es erfüllen. Sie können ihn nur an die Göttin oder auch an beide – Gott und Göttin – richten. Erklären Sie, dass Sie diese Information brauchen, oder bitten Sie um Führung in der gegenwärtigen Situation. Danken Sie den Gottheiten im Voraus für Ihre Hilfe.

Echtes Gebet ist mehr als bloß gesprochene Worte, denn es mobilisiert Energie, die auf Gott und Göttin gerichtet wird. Und weil die Natur das Vakuum verabscheut, wird auch eine Antwort kommen. (Siehe Kapitel 8: Dort finden Sie noch mehr zum Thema »Gebet«.)

Diese Antwort kann viele Formen annehmen. Es kann einfach eine Stimme sein, die plötzlich sagt: »Ich habe dir viel mitzuteilen! Stell zwei Kerzen auf den Altar! Vollziehe deine Jahresfeste nachts, wenn alle anderen schlafen! Im Augenblick ist es noch zu früh für die Selbst-Einweihung. Wein wäre gut, aber du kannst auch Apfelwein oder Traubensaft nehmen.« Diese unmittelbare Kommunikation mit der Göttin ist möglich, weil wir alle einen Funken Ihres göttlichen Feuers in uns tragen. Allerdings ist eine so direkte Zwiesprache ziemlich selten.

Meist kündigen sich die Botschaften in symbolischer Form an: Eine Wolke kann einen bestimmten Umriss zeigen, der wiederum auf eine Antwort verweist. Auch Karten, Steine oder die Bewegung eines Pendels können Antworten liefern. Wenn Sie vor dem Schlafengehen um Antworten beten, so werden Ihre Fragen vielleicht in Träumen beantwortet. Schreiben Sie wichtige Träume nieder, denken Sie über sie nach und entscheiden Sie, ob Sie etwas mit Ihrer Frage zu tun haben! Während des Schlafes ist die Kommunikation mit Göttin und Gott viel leichter, da unser skeptischer Verstand außer Kraft ist. Stattdessen erfolgt unsere Wahrnehmung durch das (feinstoffliche) Unterbewusste.

Ihr Gebet kann auf vielerlei Arten beantwortet werden. Vielleicht finden Sie plötzlich ein Buch, das die benötigte Information enthält, oder Sie entdecken einen Artikel in einer Wicca-Veröffentlichung in Ihrem Briefkasten. Gebete werden immer beantwortet, aber nicht immer so, wie wir es uns vorstellen.

Sie sollten aber wissen, dass die empfangenen Antworten vielleicht nur für Sie allein relevant sind. Wenn die Göttin zu Ihnen gesprochen hat, so hat Sie zu *Ihnen* gesprochen – und nicht zu allen anderen Wiccas. Für andere haben die Botschaften der Göttin vielleicht wenig oder keine Bedeutung. Vielleicht empfinden Sie eine Faszination für Halbedelsteine. Wenn die Göttin Ihnen nun aufträgt, daraus einen Kreis zu bilden, so ist das für Sie richtig. Für andere aber mag es ganz unpassend sein. Göttliche Offenbarungen sind meist persönlicher und nicht allgemeiner Natur. Wir selbst sollten unseren Eingebungen natürlich folgen. Aber das schmälert in keiner Weise die Methoden anderer Wiccas. Auch wenn wir göttliche Botschaften empfangen – eine einzige Person kann nie das ausschließliche Sprachrohr der Göttin sein.

Antworten, die durch das Gebet empfangen worden sind, verdienen Aufmerksamkeit und Dankbarkeit (Näheres zu Dankritualen an Gott und Göttin finden Sie in Kapitel 10).

Verachten Sie nicht das Gebet als Werkzeug der Informationssammlung. Es scheint ätherisch, aber ist dies so erstaunlich, wenn wir seinen Ursprung betrachten?

## Experimentieren

Nun haben Sie also zahlreiche Bücher gelesen und Informationen aus verschiedenen Quellen gesammelt. Sie haben darüber nachgedacht und Ihr Wissen durch den Filter Ihrer Gefühle und Intuitionen geschickt. Schließlich haben Sie die Gottheiten um Hilfe gebeten. Und wie geht's nun weiter?

Nun müssen Sie Ihre Information in die Praxis umsetzen.

Schließlich ist Wicca ja eine lebendige Religion. Religionen erschöpfen sich nicht in Theorien und rituellen Plänen. Sie nehmen nur Gestalt an, wenn sie praktiziert und gelebt werden. Äußere Formen wie Rituale und Ritualgegenstände sind wichtig, weil sie nicht-physische Prozesse symbolisieren.

Beginnen Sie nun mit verschiedenen rituellen Formen zu experimentieren. Fügen Sie sie zusammen, probieren Sie andere Verbindungen, scheiden Sie unpassende Kombinationen aus und bleiben Sie bei denen, die Sie befriedigend finden. In diesem kreativen Prozess sind Fragen wie »Ist es so richtig? Hoffentlich mache ich das nicht falsch?« nur störend und sollten vermieden werden. Sie verzögern nur Ihren Fortschritt.

Das Experimentieren ist notwendig, um im Alleingang alle Aspekte der Wicca-Religion zu gestalten: Jahresfeste, andere Feierlichkeiten, die Mobilisierung und Übermittlung von Energie, magische Rituale, Bedeutung und Verwendung von Ritualgegenständen, Selbst-Einweihungen und alle anderen äußeren Aspekte der Hexenkunst.

Dieser vierstufige Lernplan dürfte recht nützlich sein, wenn Sie Ihre Wicca-Ideen und -Methoden präzisieren wollen. Wie wichtig ist die Reinkarnation ist Ihrer Praxis? In welchem Ausmaß gilt das Gesetz, niemandem zu schaden? Wann ist die beste Zeit, um Rituale zu vollziehen? Muss man bei jedem Vollmond oder Jahresfest einen Kreis bilden? All diese Fragen können durch Lesen, Nachdenken, Gebet und Experimentieren beantwortet werden.

Wenn Sie Ihre eigene Wicca-Form erschaffen und Ihr eigenes »Schattenbuch« verfassen wollen, so finden Sie im dritten Teil dieses Buches eine vollständige Anleitung.

Aber vielleicht wollen Sie das gar nicht, sondern begnügen sich mit einer begrenzten Reihe von Ritualen und verzichten auf allzu komplizierte Erweiterungen. Auch das ist in Ordnung.

Der Weg für allein praktizierende Wiccas kann schwierig sein, aber Experimente mit ihrem *trial and error* sind eine ganz hervorragende Schule. Mit zunehmender Erfahrung wird auch Ihr Wissen zunehmen. Dadurch entstehen noch mehr Fragen, die zu einem neuen Durchgang durch die Stadien des Lesens, Nachdenkens, Betens und Experimentierens führen werden.

# Kapitel 2
# Verschwiegenheit

Sowohl in der Wicca-Religion als auch in der Magie galt Verschwiegenheit immer als überaus wichtig. Deshalb finde ich es ganz angebracht, ein wenig bei diesem Thema zu verweilen. In diesem Kapitel werde ich beide Bereiche getrennt behandeln.

## Die Geheimhaltung von Wicca-Aktivitäten

Noch vor kurzem, als unsere Religion weit weniger Mitglieder zählte und ein öffentliches Wissen um heidnische Glaubensgemeinschaften praktisch nicht existierte, waren Wiccas meist recht zurückhaltend, wenn es um ihre Religion ging. Es gab durchaus reale Gefahren – Ehen konnten daran zerbrechen, man konnte die Wohnung, die Anstellung, ja sogar die Kinder verlieren. Wiccas hatten gelernt, ihre religiösen Aktivitäten in einem Schattenbereich zu verbergen. Nur die engsten Verwandten oder Freunde wussten, was sie in Vollmondnächten anstellten – und warum sie immer um einen Urlaubstag nach den Jahrensfesten baten.

Diese Wiccas gehörten meist zu Hexenkreisen und hatten bei ihrer Einweihung Schweigsamkeit schwören müssen. Sie durften weder ihre magischen Namen noch die Identität anderer Mitglieder des *coven* enthüllen, sie mussten über die Aktivitäten, die im Kreis vollzogen wurden, sowie die jeweiligen religiösen und magischen Rituale ihrer Gruppe und vieles andere mehr schweigen. Selbst wenn einige Wiccas gerne über ihre Religion gesprochen hätten, so standen doch sowohl die öffentliche Meinung als auch ihre Schweigegelübde dagegen. Deshalb führten die meisten Wiccas ein Doppelleben: Auf der einen Seite die Arbeit, die Steuererklärung, die Elternsprechstunde, Querelen mit den Nachbarn, Kaufen, Sparen, Autowaschen und andere weltliche Aktivitäten, auf der anderen Seite das Eintauchen in Religion und Magie.

Heute hat sich das Bild etwas verändert. In jeder neuen Ausgabe eines Wicca-Magazins werden viele positive Artikel über Wicca aufgelistet, die inzwischen in der Presse erschienen sind. Artikel über Wiccas und Göttin-VerehrerInnen sind sogar schon auf der Titelseite des Wall-Street Journal aufgetaucht. Auch in Fernseh-Talkshows werden »Hexen«-Erfahrungen lang und breit erörtert, und Wiccas erläutern als geladene Gäste ihre Religion. Hin und wieder erscheinen Artikel über Wicca auch auf der Religions-Seite von ganz normalen Zeitungen.

Diese Berichterstattung hat bewirkt, dass Nicht-Wiccas unsere Religion sehr viel stärker wahrnehmen. Auch wenn sie falsche Vorstellungen haben, sehen sie sich doch mit ihrer Existenz konfrontiert.

Manchmal werden anerkannte Wicca-Vertreter sogar eingeladen, vor Kirchengemeinden zu sprechen, um ihre Religion zu schildern. Einige Wicca-Gruppen werden vom Finanzamt als Kirchen anerkannt und brauchen deshalb keine Steuern zu zahlen. (Allerdings trifft das nicht für die ganze Wicca-Bewegung zu.) In den Streitkräften der Vereinigten Staaten sind christliche Kaplane angehalten, Wicca als legitime alternative Religion zu achten.

Trotzdem ist das vorherrschende Klima von Verwirrung, Zweifel und Angst geprägt. Menschen, die in der einen Glaubensrichtung erzogen wurden, fühlen sich bedroht, wenn eine andere auf den Plan tritt – vor allem, wenn es eine ist, die wie Wicca oft missverstanden wird. In einigen seltenen Fällten führt dies zu Gewalt und sogar Mord.

Solche Reaktionen sind das unmittelbare Ergebnis von Desinformation, die einer arglosen Öffentlichkeit unaufhörlich eingeträufelt wird. Sie kommt vor allem von Fernseh-Predigern – die inzwischen den Gipfel ihrer Beliebtheit überschritten haben und nun ins Abseits geraten; aber auch viele christliche Prediger in kleinen Städten sprechen von uns noch immer als satanischen, kindermordenden Teufeln, die nur ein Ziel kennen, nämlich die Welt zu beherrschen. Selbst die New-Age-Bewegung, die schon seit vielen Jahren in den Medien auftaucht, wurde immer wieder als satanische Gefahr für das Christentum dargestellt.

Nun wissen wir zwar, dass dies absurd ist, aber vielen Nicht-Wiccas ist dies nicht bewusst. In einem so schwierigen, aufgeheizten Klima ist es tatsächlich fraglich, ob man seine Religion Eltern, Partnern, Kindern, Freunden, Arbeitgebern, Vermietern und Nachbarn offenbaren will. Und wenn ja, wer genau soll davon erfahren? Könnte eine solche Enthüllung nicht so viel Ärger, Angst und Missverständnisse provozieren, dass man hinterher froh wäre, wenn man nur nichts gesagt hätte?

Das ist möglich. Aber es kann auch anders kommen: Wenn Sie Ihrem Partner oder Ihrer Partnerin sagen, dass Sie eine andere Religion praktizieren, so kann dies Ihre Verbindung sogar stärken: »Na, zumindest glaubst du an *irgendetwas*!« oder ungelöste Fragen beantworten: »Also *das* hast du jeden Monat an Vollmond getan!«

Aber natürlich kann auch das Gegenteil stattfinden: Die Liebe Ihres Partners oder Ihrer Partnerin erkaltet, Sie werden von Ihrem Arbeitgeber entlassen, Nachbarn gehen Ihnen aus dem Weg, Ihre Eltern machen sich schreckliche Sorgen (jedenfalls wenn sie einer konventionelleren Religion anhängen), Ihr Vermieter kündigt Ihnen oder setzt Ihre Miete herauf.

Ein verständnisvoller Arbeitgeber aber erlässt Ihnen vielleicht einige Arbeitstage für Ihre religiösen Riten. Vielleicht gewöhnen Ihre Nachbarn sich daran, Sie nicht gerade in den Vollmondnächten besuchen zu wollen. Und Ihr Vermieter? Nun ja, wahrscheinlich ist es ja wirklich am besten, nicht jedem alles zu erzählen. Diese Entscheidung müssen Sie sorgfältig abwägen, denn sie könnte Sie nur allzu schnell Ihre vier Wände kosten.

Ob und wann Sie also andere über Ihre Religion informieren, hängt von mehreren Dingen ab: Ihrem Wissen über Wicca, Ihrem tatsächlichen Engagement (im Laufe der Zeit kann es zunehmend schwieriger werden, es zu verbergen), Ihren Beziehungen zu jenen Menschen, die Sie gerne ins Vertrauen ziehen würden, dem allgemeinen religiösen Klima in Ihrer Gegend sowie der Leichtigkeit, mit der Sie über ein so persönliches Thema wie Religion sprechen können.

Meist ist es nicht notwendig, diese Enthüllung zu vollziehen, nicht einmal gegenüber Ihrem Ehemann oder Ihrer Frau. Vielleicht sprechen Sie gerne davon, wenn Sie gefragt werden. Aber niemand hat das Recht zu wissen, was Sie am 31. Oktober tun. Genau das ist die Essenz der Religionsfreiheit: Es ist die Freiheit von unterdrückerischen Religionen und die Freiheit, über die eigene Religion nicht sprechen zu müssen.

Ich selbst lebte dreizehn Jahre in einer Wohnung im zweiten Stock – in einer schwierigen Gegend. Das Haus gehörte einem wiedergeborenen Christen, der ein Waffengeschäft und eine Reparaturwerkstatt für Staubsauger neben dem Mietshaus betrieb. Ich begegnete diesem Mann jeden Tag, er besuchte mich oft in meiner Wohnung, und ich lernte mehrere von seinen Familienmitgliedern kennen. Während ich dort lebte, schrieb ich zehn Bücher über Magie und Wicca, die auch veröffentlicht wurden. Ich gab Unmengen von Interviews in Fernsehen, Radio und Presse, hielt Hunderte von Seminaren in dieser Gegend ab, vollzog zahlreiche Rituale und veranstaltete Dutzende von Hexenkreisen. Ich blickte nachts in die Sterne, rezitierte Beschwörungen über den Kräutern und Pflanzen, die an meine Türschwelle wuchsen, meditierte über Gewitter – kurzum, ich verhielt mich in jeder Hinsicht wie ein echter Wicca.

Und trotzdem sprach mein Vermieter in all diesen Jahren nie über meine Religion. Zwar quittierte er meine Mietzahlungen, indem er seine Unterschrift auf die Rückseite von religiösen Traktaten setzte, aber wir sprachen einfach nie über dieses Thema. Ich schwieg, er schwieg, und wir hatten eine zufriedenstellende Geschäftsbeziehung.

Wäre ich eines Tages in sein Geschäft marschiert, um zu verkünden, dass ich ein Wicca sei, so hätte er mir bestimmt gekündigt. Die Entscheidung, nicht über meine Religion zu sprechen, erlaubte mir, viele Jahre in einer großen Wohnung zu einem niedrigen Preis zu leben – in einer Zeit, zu der ich als Autor nicht gerade viel verdiente.

Die Entscheidung, andere Menschen über Ihre Zugehörigkeit zur Wicca-Religion zu informieren, sollte rein persönlich sein. Aber ich möchte Sie warnen: Vielen Leuten ist es einfach egal, was Sie glauben oder welche Kräfte Sie anrufen. Sie interessieren sich einfach überhaupt nicht für dieses Thema.

Manche Wiccas wollen der ganzen Welt mitteilen, dass sie Wiccas oder »Hexen« sind – nur um zu schockieren, um Aufmerksamkeit auf sich zu ziehen, Geld zu verdienen und ihre Egos aufzublähen. Aber das ist der falscheste Grund, anderen die eigene Religion zu offenbaren.

## Verschwiegenheit in der Magie

Das meiste, was ich zuvor sagte, trifft auch auf die Verschwiegenheit im Bereich der Magie zu. Aber hier sind auch andere Faktoren im Spiel. Magie ist die Aussendung natürlicher Energie zur Manifestierung notwendiger Veränderungen und damit ein wesentlicher Teil der Wicca-Praxis. Innerhalb des Hexenkreises schicken wir der Erde Energie, wir helfen, Kranke zu heilen, wir schützen uns selbst, bringen Liebe in unser Leben und setzen die Keime für viele Veränderungen.

Magie kann zur alltäglichen Tätigkeit werden. Viele Wiccas praktizieren traditionelle Volksmagie – sie kreieren Zaubersprüche, brauen magische Kräutermischungen, hantieren mit magischen Steinen und anderen natürlichen, energiegefüllten Gegenständen, um notwendige Transformationen zu erzeugen. Diese sind manchmal geringfügig, manchmal aber auch groß und bedeutsam. Volksmagie wird meist nicht im magischen Kreis praktiziert. An dieser Stelle möchte ich das Thema der Verschwiegenheit sowohl in Bezug auf Volksmagie als auch auf Ritualmagie behandeln.

Man glaubt meistens, dass Geheimhaltung absolut unerlässlich für erfolgreiche Magie ist. Uns wurde gelehrt, dass wir keinesfalls über unser magisches Wirken reden sollten. Erzähle niemandem aus deinem Freundeskreis von deinem Interesse an Magie, erst recht nicht von dem Kerzenritual, das du letzte Nacht vollzogen hast. Schweige, wird uns gesagt. Sprich nicht. Lass die Kräfte wirken.

Für diese magische Geheimhaltung werden mehrere Gründe genannt. Manche sagen, dass die magischen Energien, die Sie einsetzen, zerstreut werden, wenn Sie darüber sprechen. Andere weisen darauf hin, dass Nicht-MagierInnen, die von Ihren Ritualen hören, unterbewusst Energien aussenden, die die Manifestation Ihrer Beschwörung blockieren – einfach weil sie nicht an Magie glauben. Einige Wiccas sagen auch, dass die Verschwiegenheit über die eigenen magischen Neigungen einst eine Notwendigkeit war, um Kopf und Kragen zu retten – was sicherlich der Wahrheit entspricht. Bei einigen Menschen intensiviert die Geheimhaltung den mystischen Schauer der Magie. Andere nennen überhaupt keine Gründe, sondern reproduzieren einfach nur die alte Losung: »Schweig!«

Ist dies Aberglaube? Vielleicht. Magie ist noch immer eine ungesicherte Tätigkeit. Schließlich verwenden wir Energien, die selbst Physiker bisher weder lokalisieren noch identifizieren konnten. Vielleicht haben wir die Wirksamkeit unserer magischen Rituale gesehen. Vielleicht haben wir sogar engen Freunden von diesen Ritualen und ihren Manifestationen erzählt – ohne dass daraus irgendetwas Negatives entstanden wäre. Aber bald schon schleicht sich das Thema der Verschwiegenheit in unser Bewusstsein ein.

»Durfte ich wirklich über diese Dinge sprechen?« werden manche sich fragen. »Schließlich stand doch in jenem Buch, dass geschwätzige Lippen den Zauberspruch zunichte machen. Eine Wicca-Frau aus meiner Bekanntschaft vollzieht viele Rituale, erzählt mir aber erst davon, wenn sie schon wirksam geworden sind. Und ich bin sicher, dass es viele Wiccas gibt, die niemals auch nur ein Wort über ihre magischen Riten verlieren.«

Und schon bald ist der Geist allein praktizierender Wiccas von Zweifel umwölkt. Schon bald erzählen sie niemandem mehr von ihrer Magie, nicht einmal Gleichgesinnten. Und schon liegt ein Mantel des Schweigens über der ganzen Sache.

Dies ist ungünstig und unnötig. Wahre Magie ist grenzenlos. Über ein Ritual mit anderen zu sprechen kann seine Energien nicht zerstreuen. Im Gegenteil, Sie bekommen dadurch eine Gelegenheit, noch mehr Kraft auf ihr magisches Ziel zu richten.

Auch Skepsis ist kein zufriedenstellender Grund für magische Geheimhaltung. Wenn andere nicht an Ihre Magie glauben, so stört dies Ihre Kreise ebenso wenig als wenn jemand daran zweifelt, dass ein Taschenrechner zwei und zwei zu vier addiert. Der Rechner funktioniert ganz unabhängig vom Zweifel des Beobachters. Genauso ist es mit der Magie.

Es gibt ja auch andere Gründe, weshalb der Rechner diese einfache Operation nicht durchführen kann: Fehlerhafte Mikrochips, leere oder fehlende Batterien oder die Betätigung der falschen Tasten. Aber die Skepsis eines Beobachters ist nie der Grund. Das trifft auch auf die Magie zu. Sie wirkt immer, wenn sie richtig durchgeführt wird. Wenn Energie im Körper mobilisiert und geistig programmiert wird und wenn sie dann mit der passenden Visualisierung auf ihr Ziel gerichtet wird, so ist sie wirksam.

Ihre Manifestation erfolgt vielleicht nicht über Nacht. Vielleicht sind viele Wiederholungen des jeweiligen magischen Rituals notwendig, aber normalerweise wirken sie. Wiccas brauchen nur zu wissen, wie sie den Vorgang zu gestalten haben.

Die Geheimhaltung von magischen Riten ist außerordentlich einschränkend und kann deren Wirksamkeit sogar *verringern*. Das klingt merkwürdig, also möchte ich es genauer erläutern.

Wenn eine Person das Gefühl hat, dass Geheimhaltung nötig ist, um ein effektives magisches Ritual zu vollziehen, so lässt sie eine Begrenzung in Bezug auf seine Wirksamkeit zu. Und wenn man irgendeine Form von Begrenzung in der Magie akzeptiert, so mindert das die Fähigkeit, Energie zu mobilisieren und auszusenden. Unterschwellig entsteht ein Zweifel, ob Magie wirklich diese mächtige, wunderbare Kraft positiver Transformationen ist.

Beschränkungen – wie zum Beispiel Geheimhaltung – sind für die effektive Praxis der Magie schädlich – ganz gleich, ob es sich um Volks- oder Ritualmagie handelt. Wenn wir schon eine Begrenzung akzeptiert haben, so kommen vielleicht noch andere hinzu, von denen wir in Büchern lesen oder die wir von anderen aufschnappen. Beispiele dafür sind: »Bei abnehmendem Mond kann man kein positives Ritual vollziehen. Bevor man irgendein Ritual durchführt, muss man die Mondphase prüfen. Wenn man es zur falschen Zeit ansetzt, ist es wirkungslos. Man muss alle Bestandteile einer Beschwörung aus der Volksmagie zur Hand haben; wenn eines fehlt oder durch ein anderes ersetzt wird, so ist es umsonst.« Es gibt noch viele andere von diesen einschränkenden Leitsätzen, und sie sind alle absurd.

Der dritte Grund, der für magische Verschwiegenheit angeführt wird, bezieht sich auf die Geschichte: Tatsächlich war Verschwiegenheit lange Zeit nötig, weil man früher oft sein Leben riskierte, wenn man Magie praktizierte. Glücklicherweise wird man heute mit großer Wahrscheinlichkeit nicht gehängt, wenn man zu engen Freunden über magische Rituale spricht.

Und schließlich haben manche, vor allem AnfängerInnen, das Gefühl, dass Verschwiegenheit das Geheimnisvolle der Magie steigert. Aber das Bedürfnis für solche mentalen Inszenierungen verliert sich meist schon bald.

Verschwiegenheit ist also kein notwendiger Teil der Magie. Sie stellt keine Erfolgsgarantie dar und kann Ihre Magie sogar blockieren.

Natürlich brauchen Sie nicht mit einem grünen Button umherspazieren, auf dem geschrieben steht: »Ich habe gestern Nacht ein Geld-Ritual durchgeführt!« Sie müssen Ihr magisches Wirken nicht mit anderen Menschen besprechen, vor allem, wenn Sie an äußerst privaten Dingen arbeiten. Es ist vollkommen in Ordnung, Stillschweigen über Ihre magischen Aktivitäten zu bewahren – sofern Ihre Motive dafür Sie nicht einschränken. Wenn Sie Ihre magischen Aktivitäten nicht mit anderen diskutieren wollen, so lassen Sie es – aber weil *Sie* es nicht wollen und nicht, weil es in irgendeinem Buch steht.

Geheimhaltung in der Magie ist von einem Aberglauben durchsetzt, der im Leben allein praktizierender Wiccas keinen Platz hat.

## *Kapitel 3*
## *Dürfen wir im Krankheitsfall praktizieren?*

Sind Wicca-Rituale mit Krankheit vereinbar? Dies ist eine wichtige Frage, wird aber nur selten in Wicca-Büchern erwähnt. Weshalb? Meist wird Wicca-Wissen von der Hohepriesterin, dem Hohepriester oder anderen Wiccas angeboten. Aber die Frage nach Ritualen im Krankheitsfall taucht meistens erst auf, wenn Lernende eine Erkältung bekommen oder starke, vom Arzt verschriebene Medikamente einnehmen. Dieses Thema ist so wichtig – und von der normalen Wicca-Literatur so sehr vernachlässigt –, dass es ein ganzes Kapitel in diesem Buch verdient.

Wenn allein praktizierende Wiccas mit ihrer Praxis beginnen, so sträuben sie sich dagegen, ihre Rituale zu unterbrechen – auch wenn der Grund eine Erkrankung ist. Nicht viel anders ist es bei den Mitgliedern eines Coven. Aber ist das vernünftig?

Viele Arten von Erkrankungen erzeugen bei Menschen einschneidende Veränderungen – sei es physisch, mental, emotional, spirituell oder übersinnlich. Sind solche zeitweiligen Abweichungen vom Normalzustand für das Wicca-Ritual günstig oder schädlich?

Wir müssen verschiedene Krankheitsbilder betrachten, um diese Frage zu beantworten. Alles, was ich hier sage, bezieht sich einzig und allein auf religiöse Wicca-Rituale und ist auch sehr allgemein. Sie müssen Ihre eigene Urteilskraft einsetzen, um richtig für sich zu entscheiden.

Hören Sie auf Ihren Körper. Er weiß meist am besten,

was Ihnen gut tut. Es kann gefährlich sein, sich zu Wicca-Ritualen zu zwingen, wenn man mit Krankheiten und schwierigen Situationen konfrontiert ist. Betrachten wir nun also die Beziehung zwischen Krankheit und dem Ritual in der Wicca-Religion.

## Physische Veränderungen

Die physischen Erscheinungen von Krankheit sind meist am offensichtlichsten, fangen wir also damit an. Einige Krankheiten erzeugen einen deutlichen Energieabfall: Es fällt schwer, das Zimmer zu durchschreiten, geschweige denn einen magischen Kreis zu zeichnen. In diesem Fall empfiehlt sich ein Ritual, das nur wenig physische Aktivität erfordert.

Ein Gipsverband an gebrochenen Gliedmaßen wie Beinen, Armen und sonstigen Körperteilen kann Ihre Fähigkeit, einen Altar zu errichten und ein Schattenbuch zu halten, beeinträchtigen, muss aber nicht. Jedenfalls stellt dies keine weitere Gefährdung Ihrer Gesundheit dar. Aber wahrscheinlich sind Ihre Bewegungen im Kreis eingeschränkt, und deshalb sollten Sie es vermeiden, rituelle Anleitungen sklavisch zu befolgen. Besser ist es, sie auf Ihren jeweiligen physischen Zustand abzustimmen.

Wenn Ihr Hausarzt Ihnen Bettruhe empfohlen und Ihnen verboten hat aufzustehen, so sollten Sie seinen oder ihren Anweisungen folgen. Entweder Sie formen das Ritual so um, dass es nur verbal oder mental vollzogen wird, oder Sie warten, bis Sie sich erholt haben.

## Mentale Veränderungen

Bei vielen Erkrankungen (einschließlich Erkältungen) kommt es zu einer deutlichen Bewusstseinsveränderung. Leichte Schwindelgefühle, Druck in der Stirnhöhle, erhöhte

Temperatur, Schmerz und andere Symptome können das Bewusstsein ziemlich beeinträchtigen – auch bei Personen, die diese Symptome nicht mit Medikamenten übertönen. Dieser beeinträchtigte Bewusstseinszustand kann erkrankten Wiccas eine vollkommen veränderte Wahrnehmung der Welt vermitteln – meist eine, die ihre rituelle Arbeit behindert.

Wenn Sie umherstolpern und sich nicht richtig konzentrieren können, sollten Sie möglichst nicht mit magischen Messern, Flammen, Weihrauchgefäßen und anderen gefährlichen magischen Ritualgegenständen herumhantieren. Wenn Sie die Fähigkeit haben, die Schwelle des Wachbewusstseins hinter sich zu lassen – z. B. wenn Sie sich leicht durch Gegenstände in Trance versetzen lassen, einschlafen oder vollkommen vergessen, was Sie tun –, so ist es am besten, einfach nur bequem zu sitzen oder zu liegen und ansonsten nicht viel zu tun. Vielleicht flüstern Sie ein Gebet zu den Gottheiten, meditieren auf ein Bild, oder Sie zeichnen ein Symbol und konzentrieren sich darauf.

Wenn Sie sich einfach nicht lang genug konzentrieren können, um irgendeine Art von Ritual zu formulieren, so ist es wahrscheinlich am besten, es erst einmal sein zu lassen und erst dann wieder zum rituellen Geschehen zurückzukehren, wenn Sie dazu wieder imstande sind.

## Emotionale und spirituelle Veränderungen

Es ist doch so: Wir fühlen uns meistens gar nicht gut, wenn wir krank sind. Oft sind wir übellaunig, reizbar, für andere unerträglich, deprimiert, besorgt und stehen unter Stress. Angesichts solcher emotionalen Veränderungen denken wir oft: »Warum soll ich überhaupt ein Ritual durchführen? Ich fühle mich so schlecht, dass es wahrscheinlich ohnehin misslingt.« Manchmal sind wir einfach nicht in der richtigen Laune. Das ist auch ganz natürlich, und wenn Sie wirklich keine Lust zu einem Ritual haben, so können Sie es auch lassen. Niemand zählt Ihre Treffer.

Andererseits kann die Durchführung eines Rituals – falls Sie physisch dazu imstande sind – Ihren emotionalen Zustand verbessern. Ein effektives Wicca-Ritual, das in Zeiten der Krankheit vielleicht wirklich schwer zu vollziehen ist, schenkt uns einen spirituellen Impuls, der dann wiederum unser Bewusstsein aufhellt.

Schließlich kann ein einfaches Gebet zur Göttin oder zum Gott Trost spenden und den Geist von der Krankheit ablenken und auf andere Visionen richten.

## Veränderungen im medialen Bewusstsein

Krankheit kann große Wirkungen auf unsere übersinnliche Wahrnehmung ausüben. Dies mag beim Vollzug von Ritualen nicht besonders wichtig scheinen, aber unsere Fähigkeit, die medialen Kanäle anzuzapfen, ist für ein effektives Ritual unabdingbar. Wenn keine Verbindung zwischen Wachbewusstsein und übersinnlicher Wahrnehmung existiert, werden Rituale oft leer und mechanisch.

Vielleicht besitzen Sie die physische, mentale und emotionale Fähigkeit, ein Wicca-Ritual durchzuführen, aber wenn Ihre übersinnlichen Antennen blockiert sind, so ist ein Ritual nicht anzuraten. Dieser Zustand der Blockade ist schwer zu beschreiben, lässt sich aber leicht erkennen, wenn er eintritt.

## Rezeptpflichtige und freie Medikamente

Am wichtigsten ist die Reaktion auf Arzneimittel, wenn es darum geht, ob man während einer Krankheit Wicca-Rituale durchführen soll. Es gibt heute eine so ungeheure Anzahl von Medikamenten, die auch die unterschiedlichsten Wirkungen erzeugen, dass ich dieses Thema hier nur in seiner allgemeinsten Form behandeln kann.

Viele Medikamente haben gar keinen Einfluss auf das Bewusstsein – weder verändern sie die Emotionen noch haben sie eine wahrnehmbare physiologische Wirkung, noch beeinträchtigen sie die übersinnlichen Fähigkeiten. Andere aber – sowohl rezeptpflichtige als auch freie – können solche Veränderungen eben doch erzeugen. Dazu gehören natürlich Betäubungsmittel. Wenn Sie also unter den beschriebenen oder anderen negativen Nebenwirkungen leiden, so sollten Sie Ritualarbeit einschränken, wenn Sie unter ihrem Einfluss stehen.

Setzen Sie Urteilskraft und gesunden Menschenverstand ein, um zu erkennen, ob Krankheit oder Drogeneinnahme das Wicca-Ritual stören könnte. Wenn Ihr Hausarzt Ihnen empfohlen hat, im Bett zu bleiben, so bleiben Sie eben im Bett! Verzichten darauf, einen magischen Kreis zu zeichnen. Wenn Sie eine frische Operationsnaht haben, ist ein ekstatischer Tanz um den Göttin-Altar ganz und gar nicht ratsam – auch wenn Sie sich noch so sehr danach sehnen. Wenn Sie unter Lungenbeschwerden leiden, sollten Sie keinen Weihrauch verbrennen. Wenn Sie Medikamente gegen Alkoholismus einnehmen, sollten Sie keinen Wein nach dem Ritual trinken. Allein praktizierende Wiccas können zu jeder beliebigen Zeit Rituale vollziehen. Und genauso können Sie Rituale, falls nötig, auch aufschieben oder ganz ausfallen lassen. Krankheit ist ein legitimer Grund für den Nicht-Vollzug eines Rituals.

Sie brauchen sich keine Sorgen zu machen, dass Sie von der Wicca-Religion abgefallen sind, wenn Sie ans Bett gefesselt sind und deshalb an Imbolc keine Kerze um den magischen Kreis tragen können. Ein Ritual aufgrund von Krankheit, Schwäche oder den Einfluss von Medikamenten zu versäumen, mindert in keiner Weise Ihre Zugehörigkeit zur Wicca-Religion. Ganz im Gegenteil, eine solche Entscheidung zeugt von Ihrer Intelligenz und zunehmenden

Wicca-Erfahrung: Sie haben sich entschlossen, auf ein Ritual zu verzichten, dem es wahrscheinlich an Energie und wirklichem Kontakt mit der Göttin und dem Gott mangeln würde. Wenn Ihre Wicca-Essenz darunter leidet, fress ich meinen Zauberkessel.

## Magie und Krankheit

Magie in Zeiten der Krankheit kann günstig sein, muss aber nicht. Natürlich ist dies die passende Situation, um einen Selbstheilungs-Zauber anzuwenden. Andere Zauberrituale sollten jedoch aufgeschoben werden, auch wenn die Arbeit noch so wichtig scheint. Warten Sie, bis es Ihnen wieder gut geht. Dann können Sie sich mit voller Konzentration dem magischen Ritual widmen, und das heißt auch, dass Sie viel mehr Energie mobilisieren können.

Wenn wir krank sind, sinken die Energie-Reserven des Körpers und damit auch unsere persönliche Kraft. Wir erzeugen weniger Energie als sonst, und davon verwenden wir auch noch mehr für unsere Heilung. Deshalb ist für alle möglichen Aktivitäten einschließlich der Magie weniger Energie verfügbar. Aufgrund dieser reduzierten Reserven kann Magie in Zeiten ernster Erkrankungen sogar sehr gefährlich werden: Denn Sie erschöpfen auf diese Weise Ihre Energievorräte, die Sie eigentlich für Ihre Heilung brauchen. Dies kann die Krankheit verlängern und die Heilung der Wunden verlangsamen.

Eigene Energie willentlich einzusetzen, um die Probleme einer anderen Person zu lösen, ist gut und edel – zu allen anderen Zeiten. Aber wenn Sie krank sind, müssen Sie die Hauptperson sein. Verwenden Sie diese Energie lieber, um sich selbst zu heilen. Später werden Sie dann genügend in Form sein, um für den Rest der Welt zu sorgen.

Kurz gesagt: In Zeiten der Krankheit keine Magie außer Selbstheilung!

# Kapitel 4
# Magische Namen

Viele Wicca-Bücher erklären, wie man einen Wicca-Namen oder einen magischen Namen annimmt. Die Zeremonie, mit der ein solcher Name dem Initianden verliehen wird, ist eine von vielen Einweihungs-Ritualen. Neue Mitglieder werden dann innerhalb des Kreises meist nur noch mit diesem Namen gerufen.

Bei Wiccas sind magische Namen sehr beliebt – so sehr, dass viele von ihnen sogar zwei oder drei davon haben: Da ist zunächst ein öffentlicher Berufsname, der bei Wicca-Versammlungen, bei der Veröffentlichung von Zeitschriftenartikeln usw. verwendet wird. Dann ein geheimer Name, der während der Initiation verliehen wird, und vielleicht noch ein dritter Name, der nur bei der Zwiesprache mit Göttin und Gott gilt und auch nur der jeweiligen Wicca selbst bekannt ist. Wiccas, die sich zu mehr als nur einer Tradition bekennen, haben oft in jeder Gruppe einen anderen Namen.

Für viele ist das Annehmen eines neuen Namens ein äußeres Symbol ihrer inneren Hingabe an die Wicca-Religion und gehört zum Prozess der Wiedergeburt in die neue Religion.

In allen Zeiten der Geschichte wurden magische Namen sehr hoch geachtet. Im antiken Sumer, in Babylon und Assyrien musste man den Namen eines Geistes kennen, wenn man ihn aus einer erkrankten Person exorzieren wollte. In Hawaii gab man Säuglingen abstoßende Namen, um sie in dieser frühen, verletzlichen Zeit vor Störungen durch Geister zu schützen. Wenn das Kind dann ein bestimmtes Alter erreicht hatte und den üblen Absichten böser Geister weniger ausgeliefert war, bekam es einen passenderen Namen. Der »wirkliche« Name, der niemandem außer der Mutter bekannt ist, schützt das Kind. Der allgemein bekannte Rufname aber hat keine schützende Kraft.

In unserem Land arbeiten wir mit Numerologie, um die Macht unseres Namens zu erkennen, und viele Menschen verändern ihren Namen, um auf ihrem Lebensweg mehr Erfolg zu haben.

Man sieht also: Namen werden sehr ernst genommen. Deshalb versteht man ohne weiteres, weshalb viele Wiccas Berufsnamen verwenden. Ich habe dieses Thema in meinem vorigen Buch über allein praktizierende Hexen noch nicht behandelt. Deshalb verdient es in diesem Zusammenhang ein wenig Aufmerksamkeit.

Die wesentliche Frage ist kurz und knapp: Brauche ich einen Wicca-Namen? Wenn Sie Ihre eigene Wicca-Praxis so eng wie möglich mit der traditionellen Wicca-Praxis verbinden wollen, lautet die Antwort: Ja. Wenn Sie sich von solchen Einschränkungen frei fühlen, brauchen Sie keinen neuen Namen. Auch hier liegt die Entscheidung wieder ganz bei Ihnen.

Weshalb verwendet man nun einen Wicca-Berufsnamen? Weil er das Wicca-Element in einer Person symbolisiert. Manchen Mitgliedern gibt ein solcher Name ein Gefühl von Kraft und Geheimnis, das sie sonst nicht empfinden können. Wir leben in einer so profanen Welt, dass es tatsächlich schwierig sein kann, die magische Seite unseres Wesens in Gang zu setzen. Insofern kann die Verwendung des Wicca-Namens dabei helfen, das Wachbewusstsein zu transformieren und für das Ritual vorzubereiten.

Einige Adepten gehen einen ganz anderen Weg: Sie lassen ihren Wicca-Namen offiziell in ihren Pass eintragen. So wird Sally Thompson zu Amber oder Frank Jones zu Greywolf. Dieser Name kann dann sogar auf Führerscheinen, Mietverträgen und anderen Dokumenten scheinen. Aber dieser offizielle Weg ist nicht ratsam, es sei denn, Sie gehen mit Ihrer Religion vollkommen offen um. Denn natürlich werden Sie mit einem solchen Namen eine gewisse Aufmerksamkeit auf sich ziehen. Viele behaupten, dass sie aus rein spirituellen Gründen ihren bürgerlichen Namen zugunsten des neuen Namens aufgegeben haben. Aber damit machen sie auch eine öffentliche Aussage über ihre Religion – und nicht alle von uns sind auf einen solchen Schritt auch wirklich vorbereitet.

Die nächste Frage ist: Wie findet man seinen magischen Namen?

Dafür gibt es viele Wege. Manche Wiccas übernehmen den Namen einer Göttin oder eines Gottes, um Sie damit zu verehren. Andere werfen einen Blick in die Kulturgeschichte ihrer Familie oder ihres Clans und wählen einen Namen, der aus der dazugehörigen Volkstradition stammt: Eine Person mit britischen Vorfahren wird sich vielleicht für einen Namen aus der britischen Volkstradition entscheiden. Viele amerikanische Wiccas fügen heute ein Tier in ihren Namen ein wie etwa »Heulender Wolf« oder »Kreisender Adler«. Weitere Möglichkeiten sind Pflanzen- und Blumen-Namen wie etwa »Rose«, »Wächter der Eiche«, »Hain«, »Fichte« oder »Esche«.

Sie können sich also einfach einen Namen zusammenfügen. Viele Wicca-Namen bestehen aus zwei zusammengesetzten Wörtern und sind dann meist ziemlich deskriptiv.

Einige bekannte Wicca-Namen wurden der Öffentlichkeit unterbreitet. Gerald Gardner, einer der Menschen, die Wicca zu der Religion machten, wie wir sie heute kennen, verwendete in der Öffentlichkeit den Namen Scire. Einer von Doreen Valientes magischen Namen lautete Ameth. Eine sehr bekannte Hohepriesterin gab sich den öffentlichen Berufsnamen »Phönix«.

Weitere beliebte Namen sind: Morgan, Morgana, Morgaine, Morgraine, Lugh und Arthur – sie alle stammen aus der keltischen Mythologie. Dann gibt es Ariadne, Diana, Hermes, Poseidon, Cassandra oder Triton – aus der griechischen und römischen Mythologie. Oder Selket, Maat, Osiris und andere ägyptische Namen.

Zu den geläufigsten gehören Amber, Phönix und Merlin. Wenn man einen dieser Namen auf einer heidnischen Versammlung ausruft, so melden sich meist eine ganze Reihe von Leuten.

Es gibt also eine Menge von Möglichkeiten, aus denen Sie wählen können. Wenn Sie sich für einen Ritual-Namen entscheiden, so sollten Sie ihn immer verwenden: Nennen Sie ihn im Gebet, in Ritualen; schreiben Sie ihn in Runen oder in normaler Schreibweise auf Ihre magischen Ritualgegenstände. Vielleicht möchten Sie auch eine Art von Ritual für Ihre Namensgebung durchführen. Das könnte zum Beispiel so aussehen: Zeichnen Sie einen magischen Kreis, bitten Sie Göttin oder Gott um Ihre Anwesenheit und um die Anerkennung Ihres neuen Namens.

Ein magischer Berufsname verleiht Ihnen vielleicht keine zusätzliche Kraft, aber es ist ein traditioneller Brauch, und viele mögen es.

# Kapitel 5
# Selbst-Initiation

Das umstrittenste Thema im vorigen Buch war zweifelsohne das Kapitel über Initiation. Vielen Wicca-Buchkritikern missfiel eine ganz einfache Idee, die ich in diesem Kapitel präsentierte: Dass Initiation nicht immer ein Vorgang ist, der von einem Menschen in Bezug auf einen anderen Menschen vollzogen wird. Einige missdeuteten meine Worte: Sie glaubten, ich hätte gesagt, dass man die Initiation mit allen Kräften vermeiden solle – was in der Tat eine merkwürdige Behauptung wäre und aus meinem Text überhaupt nicht hervorgeht. Es überrascht nicht, dass solche Kommentare von eingeweihten Coven-Mitgliedern geäußert wurden. Einige Rezensenten argwöhnten gar, dass ich überhaupt noch nie initiiert worden sei, und nahmen dies als Grund für meine »unrichtigen« Ansichten zu diesem Thema.

Es gibt viele Arten von Initiationen. Einige werden in einem Kreis mit anderen TeilnehmerInnen vollzogen. Einige werden allein vollzogen. Wieder andere werden gar nicht »vollzogen«, sondern erfolgen spontan im Leben eines Wicca-Lehrlings.

Eine Initiation in einen Coven (und damit auch in die Wicca-Religion) ist nur wirksam, wenn EinweiherIn und KandidatIn in vollkommener Harmonie sind und innerhalb einer beidseitig akzeptierten und befriedigenden Wicca-Tradition stehen. Ich habe großartige, aber auch verkorkste Einweihungen miterlebt. *Irgendeine* Einweihung zu durchlaufen, um nicht leer auszugehen, ist nicht ratsam, vor allem, wenn diese Einweihung dann aus den falschen Gründen wie etwa Egoismus und Machtgewinn, von der falschen Person oder im falschen Coven vollzogen wird. Das Ritual als solches ist weniger wichtig als seine Wirkung auf den oder die KandidatIn und der Geist, in dem es vollzogen wird.

Eine zeremonielle Initiation ist für Wicca nicht prinzipiell erforderlich, aber sie bekräftigt auf rituelle Weise die Zugehörigkeit zu unserer Religion. Eingeweihte können von diesem Tag an offen beanspruchen, dass sie Angehörige der Wicca-Religion sind, denn sie haben rituelle Erinnerungen an diesen Tag, an dem ihre Zugehörigkeit zeremoniell bekräftigt wurde. Für einige ist dies wichtig, für andere hat es wenig oder keine Bedeutung.

Sie haben das Recht, eine Selbst-Initiation zu vollziehen. Niemand kann Ihnen dieses Recht nehmen. Wenn Sie ein Wicca-Ritual durchgeführt haben, wenn Sie Göttin und Gott begegnet sind, wenn die Wicca-Religion Ihnen ans Herz gewachsen ist und Sie entschieden haben, dass dies Ihr Weg ist, dann gibt es keinen Grund auf der Göttin Erdboden, weshalb Sie keine Selbst-Initiation vollziehen sollten.

Und wie machen Sie das? Sie können Ihre Selbst-Initiation nach den Empfehlungen eines Buches gestalten oder das Modell einer Initiation in der Gruppe für sich umformen. Oder Sie gestalten gleich selbst ein neues Ritual. (Das Ritual in Kapitel 12 des vorigen Buches bezog sich auf eine Selbst-Verpflichtung und war keine Selbst-Initiation. Es könnte aber in ein Einweihungs-Ritual integriert werden).

Vor der Selbst-Initiation sollten Sie darüber nachdenken, ob Sie genügend Wicca-Erfahrung gesammelt haben, um in die Religion einzutreten. Rituelle Erfahrung ist eine wichtige Voraussetzung für die Selbst-Einweihung. Lesen allein zählt nicht. Wenn jemand, die oder der etwa ein Jahr Erfahrung in Studium und Ritual vorweisen kann, ein Ritual zur Selbst-Einweihung vollzieht, so wird das ein reiches und spirituell bedeutsames Ereignis sein, einfach nur, weil es von einer Erfahrung getragen wird, die es echt und wahrhaftig macht.

Mit anderen Worten: Auch allein praktizierende StudentInnen der Disziplin werden nicht über Nacht zu Wiccas.

Diese Zeit der Übung und Erfahrung ist absolut notwendig. Ja, Sie werden die Verwendung der magischen Ritualgegenstände lernen, Sie werden von der Bedeutung der Jahresfeste, vom Zeichnen des magischen Kreises hören – und Sie werden der Göttin und dem Gott begegnen. Sich auf Sie einzustimmen und eine Beziehung zu Ihnen aufzubauen ist das Herzblut der Wicca-Religion, und das braucht Zeit und Hingabe.

Und schon höre ich einige Einwände.

»Aber während der Einweihung übertragen doch diejenigen, die das Ritual leiten, Macht und Energie auf die KandidatInnen!« *Ja, aber bei einer Selbst-Initiation übertragen Göttin und Gott Macht und Energie auf den oder die KandidatIn.*

»Aber solche Einweihungen werden von den Covens nicht anerkannt.« *Allein praktizierende Wiccas gehören ja auch nicht zu Covens.*

»Wirkliche Initiationen haben die Funktion, das Bewusstsein eines Kandidaten zu transformieren.« *Das ist auch bei richtig gestalteten Selbst-Initiationen der Fall.*

»Wirkliche Initiationen symbolisieren den Tod des alten Selbst und die Neugeburt in die Wicca-Religion mit einem Wicca-Selbst.« *Das kann auch bei Selbst-Initiationen stattfinden.*

Selbst-Initiation ist im Wesentlichen das, was Sie daraus machen, aber damit die Resultate möglichst befriedigend ausfallen, sollte ein solches Ritual immer die folgenden Schritte enthalten. (Im Folgenden gebe ich nur höchst allgemeine Anleitungen. Einzelheiten wie das Entzünden von Kerzen und Räucherkohle übergehe ich.)

- Irgendeine Art von Reinigung, z. B. eine Dusche oder ein Vollbad.
- Die Vorbereitung des Altars. Dabei können Sie genau die

Ritualgegenstände benutzen, mit denen Sie normalerweise arbeiten.

- Das Zeichnen des Kreises. Dies ist nicht absolut notwendig, intensiviert aber auf jeden Fall die Atmosphäre. Am besten ist es, wenn Sie schon vor der Selbst-Einweihung eine Sicherheit darin gewonnen haben. Wenn Sie sich dabei wohlfühlen, können Sie es tun. Wenn nicht, lassen Sie es einfach.
- Eröffnungs-Anrufungen der Göttin und des Gottes. Das können genau jene sein, die Sie jeden Tag bei Ihrer rituellen Arbeit verwenden. Aber Sie können auch eine besondere Anrufung speziell für dieses Ritual entwerfen.
- Ein symbolischer Tod Ihres alten Selbst. Seien Sie dabei kreativ. Sie können sich dazu in ein schwarzes Tuch kleiden oder sich eine Augenbinde anlegen, wenn Sie vor dem Altar sitzen (aber bitte nicht, wenn Sie sich im Raum bewegen). Oder Sie singen ein Klagelied.
  Entwerfen Sie ein Gebet, das genau auf diesen Augenblick passt. Nach einer angemessenen Zeit der Meditation und Reflexion werfen Sie dann die Requisiten des Todes mit einem Freudenschrei von sich.
- Nun folgt ein erneutes Gebet zu Göttin und Gott, in dem Sie sich Ihnen hingeben. Bekräftigen Sie, dass Sie nun ein Mitglied der Wicca-Religion sind. Wenn Sie einen magischen Namen gewählt haben (siehe Kapitel 4), sagen Sie laut: »Ich, Dione, bin nun ein Wicca-Mitglied.« Dies wäre zum Beispiel eine passende Formel, um den Namen in Ihr Treuegebet einzuschließen.
- Entspannen Sie sich einige Minuten lang im magischen Kreis. Betrachten Sie die Kerzenflammen. Wenn Sie Kuchen und Wein in den Kreis gebracht haben, ist es nun an der Zeit, sie zu segnen und in der manifestierten Liebe der Göttin und des Gottes zu teilen. Wenn Sie Ihr Heiliges Mahl beendet haben, so danken Sie der Göttin und Gott für Ihre Anwesenheit und schließen Sie den Kreis.

Vielleicht können sich traditionelle Wiccas mit diesem Entwurf der Selbst-Einweihung nicht anfreunden, aber er ist wirkungsvoll. Ich habe ihn hier nur als Muster aufgeführt, damit andere mit seiner Hilfe ihre eigenen Rituale entwerfen können.

Göttin und Gott sind als Quelle allen Lebens, der Gesundheit, der Nahrung, der Erde, der Sterne, der Sonne, des Mondes und des ganzen Universums auch die wahre und wahrhaftige Quelle der Einweihung.

Selbst-Initiation ist ein wichtiges Ritual und sollte nicht nebenher vollzogen werden. Sie müssen sich sowohl auf spirituelle als auch auf physische Transformationen im Gefolge dieses Rituals gefasst machen. Schließlich haben Sie eine Selbst-Einweihung durchlaufen und sind nun kein Lehrling mehr. Sie sind ein Mitglied der Wicca-Religion – eine der wenigen Personen, die sich entschieden haben, hinter den Schleier der materialistischen Welt zu treten. Sie gehören nun zu jenen, die die Erde achten, die bei Kerzenschein und Weihrauchduft Wein in gesegnete Schalen gießen, die mit Göttin und Gott in enger Kommunikation stehen, die voller Freude Magie als Instrument positiver Transformation einsetzen.

Selbst-Initiation ist eine wundervolle Affirmation unserer Hingabe an die Wicca-Religion, wenn sie aus positiven Gründen, zur geeigneten Zeit und im richtigen Bewusstseins-Zustand erfolgt. Wenn Sie unserer Religion noch nicht rituell beigetreten sind, so wissen Sie, ob und wann es an der Zeit ist.

Initiation ist nichts weniger als der Beginn eines neuen Lebens.

# Kapitel 6
# Die Wicca-Geheimnisse

Einige LeserInnen und RezensentInnen haben beanstandet, dass Wicca-Bücher – auch die von mir verfassten – keine »Wicca-Geheimnisse« enthalten. Und das stimmt auch. Die meisten Bücher über Wicca sind entweder eine Zusammenfassung traditioneller Gebräuche oder Anleitungen für AnfängerInnen. Wicca-AutorInnen begnügen sich oft mit oberflächlichen Beschreibungen: Sie zeigen, wie man einen magischen Kreis zeichnet, wie man Ritualgegenstände richtig verwendet, sie erklären Begriffe des Göttlichen und handeln von Gruppendynamik. In solchen Büchern gibt es nur wenig Raum für Mystisches.

Es gibt dafür aber noch einen anderen Grund. Geheimnisvolles ist ja gerade seinem Wesen nach schwer in Worte zu fassen. Es kann nicht wirklich gelehrt werden, es kann nur erfahren werden. Manches davon manifestiert sich auf anderen Ebenen unserer Existenz. Manches davon zeitigt tiefgreifende emotionale, mediale oder spirituelle Wirkungen. Manches erfolgt einzig und allein zwischen Wiccas und der Göttin, und anderes nur zwischen zwei oder mehr Mitgliedern eines Hexenkreises.

Vielleicht sollte ich meine Begriffe genauer definieren. Zunächst: Der Begriff »Wicca-Geheimnisse« bezieht sich in meinem Gebrauch nicht auf geheime Rituale, Gebete oder magische Techniken, so geheim oder effektiv sie auch sein mögen. Stattdessen verwende ich ihn für außergewöhnliche spirituelle Erfahrungen und Offenbarungen höchsten

Grades, die von der Göttin oder dem Gott inspiriert sind. Die »Wicca-Geheimnisse« können überhaupt nicht nach außen dargelegt werden. Sie werden in Jahresfesten und sonstigen Zeremonien gefeiert, aber nur in symbolischer Form.

Wenn Sie jetzt ganz und gar verwirrt sind, so ist das durchaus in Ordnung. Schließlich sind das eben Wicca-*Geheimnisse*, und das ist ja kein leichtes Thema für schriftliche oder mündliche Erörterungen.

Allein praktizierende Wiccas beklagen manchmal einen Mangel an Tiefe und spiritueller Bedeutung in ihren Ritualen. Das kann viele Gründe haben, zum Beispiel ein Mangel an Einfühlung in die innersten Geheimnisse der Wicca-Religion. Erst wenn diese berührt werden, entstehen intensivere seelische Prozesse.

Warum? Weil wie zuvor schon gesagt die meisten Wicca-Rituale in gewisser Weise Wicca-Geheimnisse feiern. Daraus können Sie sofort einen Hinweis auf das Wesen dieser Mysterien oder Geheimnisse entnehmen: Worum geht es denn in den Jahresfesten? Das wichtigste, äußerliche Thema ist die Beobachtung der Jahreszeiten. Wenn Sie einmal begonnen haben, sie genau zu erleben, so öffnet sich eine Schatztruhe von Wicca-Geheimnissen – sowohl auf realer als auch auf symbolischer Ebene.

Die meisten Wicca-Mysterien beziehen sich auf die beiden Gottheiten und werden deshalb als sakrale Praxis betrachtet. Andere Mysterien haben mehr mit Mutter Erde zu tun, aber da die Göttin ja auch die Erde ist, treffen wir auch hier wieder auf Sie.

Solche Geheimnisse oder Mysterien können Sie also selbst entdecken. Die gesamte Tradition der Wicca-Mysterien ist nach und nach gefunden worden. Diesen Prozess können Sie fortführen, um Ihrer Wicca-Praxis Tiefe und Plastizität zu verleihen.

Sie können das Geheimnisvolle in Meditationen oder Ritualen entdecken, aber auch beim Spaziergehen oder im

Schlaf, wenn es im Traum-Bewusstsein emportaucht. Selbst als Reaktion auf heftige Gebete an die Göttin oder den Gott stellt es sich ein. Das Geheimnisvolle, die Mysterien oder Arkana werden meist jenen Personen enthüllt, die sich wirklich auf die Wicca-Religion eingelassen haben, denn wer würde sich auch sonst für sie interessieren?

Aber auch in unserer Umgebung erfolgen ständig geheimnisvolle Dinge, in denen wir die Göttin und den Gott erkennen und uns spirituell berührt fühlen. Aber sie werden nur dann zu Wicca-Mysterien, wenn wir uns auf jeder Ebene unseres Seins von ihnen durchdringen lassen. Vielleicht sind Sie nun etwas verwirrt. Aber ich will Ihnen ein Beispiel geben:

Ein reifer Apfel fällt auf den Boden. Er verfault und wird von frischem Erdreich bedeckt. Regen strömt hernieder, die Sonne wärmt die Erde, und ein neuer Spross kämpft sich aus einem Kern im Inneren des Apfels hervor. Innerhalb von wenigen Jahren steht an der Stelle, auf die einst die Frucht gefallen war, ein neuer Apfelbaum. Und wieder fällt ein reifer Apfel auf den Boden.

Inwiefern ist dies nun ein Wicca-Geheimnis?

- Diese Vorgänge – das Fallen und Emporwachsen, Tod und Wiedergeburt etc. – werden von Göttin und Gott geschaffen und gelenkt. Die Gottheiten sind die alleinige Quelle von Fruchtbarkeit, Leben und Tod.
- Solche Naturprozesse beziehen sich nicht nur auf Äpfel. Vielmehr sind diese Zyklen auf der ganzen Welt sichtbar.
- Wiccas erwerben ein Bewusstsein von diesem Prozess, indem sie das Fallen und das neue Sprossen des Apfels beobachten. Wenn sie ihre Aufmerksamkeit nur auf diesen einen Zyklus – mindestens für einige Minuten am Tag – konzentrieren, so verschmilzt ihr Bewusstsein mit den Prozessen, die von Göttin und Gott stammen. Und so können Wiccas immer weiter über die Bedeutung dieses Prozesses nachsinnen.

- Diese Verschmelzung des Bewusstseins erzeugt eine frische Erkenntnis von Göttin und Gott sowohl in der Welt als auch im Selbst. Und dies erzeugt eine umso tiefere spirituelle Verbindung mit Ihnen. Mehr noch: Der Apfel, der als Lehrgegenstand diente, kann nun zu einem mächtigen und tiefgreifenden Ritualgegenstand für die religiöse Praxis werden, da er Leben, Tod und Wiedergeburt symbolisiert – drei der größten Mysterien, über die sich Menschen jemals den Kopf zerbrochen haben.
- Schließlich kann die Reise des Apfels zu einer machtvollen spirituellen Erinnerung werden, die mit sofortiger Wirkung die silbernen und goldenen Wege zu Göttin und Gott öffnen. Im Bewusstsein von Wiccas wird der Apfel zu mehr als nur der Erinnerung an eine Frucht, zu mehr als nur einem Symbol. Er wird zu einer unmittelbaren Verbindung zwischen Göttin und Gott und uns selbst. Er ist eine tastbare Erinnerung an unkörperliche Dinge, ein Symbol, das nicht nur zwischen den Welten steht, sondern auch als Brücke von der einen zur anderen dient. Der Apfel kann also im Sinne der Wicca-Mysterien mit folgenden Entitäten gleichgesetzt werden: Der keltischen Kessel der Wiedergeburt, dem Schoß der Göttin, einem Symbol für Geburt und Wiedergeburt, einer Darstellung der Unterwelt und der höheren Welt, der Erde selbst, auf der so viele Geheimnisse noch darauf warten, von uns entdeckt zu werden.

Der Sinn der Wicca-Geheimnisse besteht darin, dass es gar keine Geheimnisse gibt. Verändern Sie einfach nur Ihre Wahrnehmung, fokussieren Sie Ihre Aufmerksamkeit! Blicken Sie über die materielle Welt hinaus und in die ewig wirkenden Prozesse hinein, und Sie werden Ihre Wicca-Mysterien entdecken. Sie können auch rituelle Meditationen durchführen, um Ihr Verständnis der feinsten Aspekte von Wicca, dem Verhältnis von Göttin und Gott zu vertiefen.

Und wenn Sie das geschafft haben, können Sie in Kreisen aus Licht und Liebe feiern, singen und tanzen und diese Mysterien immer und immer wieder erleben. Rituale können so ausgebaut werden, dass sie solche Erfahrungen integrieren. Oder man entwirft spezielle neue Rituale, um diese Erfahrungen zu ermöglichen.

Wichtig ist bei alledem, dass man die eigentlichen Wicca-Mysterien nicht in Schattenbüchern, in geheimen Zaubersprüchen oder überhaupt in verbalen Äußerungen anderer Personen finden kann. Nur in unserer Beziehung zu den beiden Gottheiten sind sie auffindbar – oder in unserer Beziehung zum Verständnis der Natur als Illustration Ihrer göttlichen Energie.

Brauchen Sie noch mehr Hinweise?

Beobachten Sie

- eine Geburt.
- wie die Sonne Eis zum Schmelzen bringt.
- wie sich die Blätter an den Bäumen im Frühling entrollen und entfalten.
- das Meer.
- die Wolken, die so weit dort oben vorbeiziehen.
- wie der Regen in Wasserpfützen platscht.
- wie der Blitz durch den Nachthimmel zuckt und grell aufleuchtet.
- wie sich Rauch von einem heiligen Feuer erhebt.
- eine Sonnenfinsternis.
- eine Katze, die im Hinterhof auf der Jagd ist.
- wie ein kleines Kind unsere Welt von neuem entdeckt.

Und beobachten Sie nicht nur, sondern erleben Sie auch! Fühlen, empfinden Sie diese Prozesse! Dann haben Sie schon damit begonnen, die Wicca-Geheimnisse näher an sich heranzulassen. Sie werden die seltene Gelegenheit haben, den Schleier, den wir über unsere Welt gezogen haben, flüchtig wegzuziehen und das Gesicht der Göttin zu sehen.

Und schon werden die Wicca-Mysterien mit Ihnen und in Ihnen sein.

## *Kapitel 7*
## *Wicca im Alltag*

Ich habe bereits gesagt, dass die Religion idealerweise alle Aspekte des Lebens durchdringt. Auch wenn wir gerade keine Kerzen anzünden oder magische Kreise zeichnen, können wir im Sinne der Wicca-Religion leben. Ja, wir können unser ganzes Leben selbst als Ritual zu Ehren der beiden Gottheiten betrachten.

Vielen Menschen fällt es jedoch schwer, spirituelle Tiefe in ihrem Alltagsleben zu erkennen. Wir lassen uns von den Masken und Spiegeln gesellschaftlicher Verkleidungen und Zerstreuungen einfangen. Auch das häusliche Leben, die Berufsarbeit, die Buchhaltung und andere weltliche Dinge ziehen uns so manchmal so sehr nach unten, dass wir sogar daran zweifeln, ob wir jemals spirituelle Gefühle hatten.

Die Lösung besteht nicht darin, noch mehr Rituale durchzuführen. Vielmehr geht es darum, unsere Aufmerksamkeit auf subtile Weise von dem bloß physischen Sein der Gegenstände hinweg und zum spirituellen Wesen hinzulenken, das in allen Dingen wohnt. Geschirrspülen kann zur Erforschung des Wasserelements und seiner Kräfte werden. Arbeit ist eine Gelegenheit, um die Energie anderer Menschen zu erfahren. Gartenarbeit kann uns wichtige Erkenntnisse in Bezug auf die Jahreszeiten liefern. Selbst der Schulbesuch ist eine Übung in der Kunst, unser Bewusstsein zielvoll einzusetzen – und zu erweitern, wenn's klappt. Wenn wir Unterrichtsstunden aus einer spirituellen Warte betrachten, so kann dies durchaus der Erleuchtung dienen.

Ja, unser Wicca-Standpunkt kann uns sogar helfen, schwierige Zeiten zu überstehen – genauso wie die Zugehörigkeit zu irgendeiner anderen Religion. Aber um diese Quelle des Friedens anzuzapfen, müssen wir zuerst erkennen, dass sich Wicca keineswegs auf Ritual, Gebet und Magie beschränkt. Wicca ist ebenso sehr eine Lebensform wie es eine Religion ist.

Am einfachsten ist es, Wicca-Prinzipien auf unsere Welt anzuwenden, wenn wir unsere Religion im Alltag leben wollen. Hierzu möchte ich im Folgenden einige Begriffe erläutern – wie ich sie eben verstehe.

## Tue niemandem etwas zu Leide

Denken Sie an diese Mahnung, wenn Ihnen jemand den Weg abschneidet, »Ihren« Parkplatz klaut, grob und unhöflich zu Ihnen ist oder wenn Sie alle möglichen Schwierigkeiten mit PartnerInnen, Familie, Nachbarn, Freunden oder Kollegen haben. Wenn wir diese Mahnung beherzigen, so gelingt es uns vielleicht, uns über Ärger, Eifersucht und Hass zu erheben, ja, wir können sogar potenziell destruktive Emotion in positive Energien verwandeln. Darin liegt auch eine Gelegenheit, für uns selbst zu sorgen, indem wir unseren Stress reduzieren. (Allerdings bin ich der Erste, der zugibt, dass das ganz und gar nicht einfach ist.)

## Reinkarnation

Dieser Begriff erinnert uns daran, dass wir im Leben mehr als eine Chance haben. Er schließt Selbstmord als Lösung für unsere Probleme oder bequemen Ausweg aus. Denn früher oder später werden wir wieder zurückkehren und von neuem mit denselben Problemen konfrontiert sein, vor denen wir geflüchtet sind. Außerdem hilft uns der Gedanke an die Reinkarnation, Trauerphasen zu durchleben, und kann uns auch von Todesangst befreien.

## Karma

Dieser Begriff beinhaltet, dass richtige Handlungen mit positiver Energie zu uns zurückkommen, und negative Handlungen in negativer Weise auf uns zurückschlagen. Hier besteht auch eine logische Verbindung zu dem Verbot, jemandem Schaden zuzufügen. Auch der Karma-Begriff mahnt uns, positiv zu handeln. Außerdem können wir auch erkennen, dass wohltätige und positive Handlungen in sich schon Akte der Spiritualität sind.

Einige Wiccas benutzen einen etwas abgewandelten Begriff, das so genannte »Gesetz des Dreifachen«. Es beinhaltet, dass alles, was wir tun, in dreifacher Intensität zu uns zurückkehrt. So kann ein kleiner fürsorglicher Akt, den wir geleistet haben, von jemand anders in dreifachem Umfang zu uns zurückgeschickt werden. Ein winziger Racheakt wiederum kann zu einem großen Schaden werden, der uns widerfährt. Dieses »Gesetz des Dreifachen« ist einfach nur eine leicht veränderte Fassung des Karma-Gedankens.

## Magie

Dieser Begriff beinhaltet, dass wir tatsächlich Kontrolle über unser Leben haben. Wenn wir nicht damit zufrieden sind, so können wir es durch ein positives Ritual transformieren. Magie lehrt uns aber auch Geduld: Ein Zauber-Kessel, der aufs offene Feuer gesetzt wird, fängt auch nicht sofort zu kochen an, und ebenso wenig manifestiert sich Magie von einem Augenblick zum anderen. Jedenfalls können wir kleine Stücke magischer Wirkungen in unserem täglichen Leben finden – und das allein kann schon tröstlich sein.

## Denken

Denken lehrt uns, dass Gedanken existierende Entitäten sind. Das heißt: Gedanken erzeugen Energie und setzen sie frei. Und wenn dies absichtsvoll wiederholt wird, so können Gedanken zu einer machtvollen Quelle der Energie werden. Wenn wir also unsere negativen Gedanken kontrollieren, so verbessern wir unser Leben. Schon die einfache Ablehnung eines negativen Gedankens (»Ich habe kein Geld«) und die Ersetzung durch einen positiven (»Ich habe genug zu essen«) kann dramatische Wirkungen zeitigen. Weil wir also durch die Kontrolle über unsere Gedanken unser Leben verbessern und anderen Menschen Negatives ersparen können, sind selbst unsere Gedanken ein Ausdruck von Spiritualität.

## Der Erde dienen

Dies ist ein weiteres höchst bedeutsames Wicca-Konzept. Eine Mülltonne vollzupropfen oder einen Baum zu fällen, sind Handlungen, die eine Verletzung von Wicca-Prinzipien darstellen und haben keine spirituelle Qualität in sich.

Wenn wir aber Flaschen ausspülen und wieder verwenden, wenn wir Papier, Blechdosen, Plastik und Glas recyceln, so ist dies ein Akt der Spiritualität, denn wir sorgen für unsere Erde. Andere Beispiele dafür sind: einen Baum pflanzen, einen Garten pflegen, Pflanzen verschenken, auf Pestizide verzichten, für ökologische Zwecke spenden, Briefe schreiben, um für den Schutz bedrohter Tiere und ihrer Habitats (Wälder, Feuchtlandschaften und andere ökologisch sensible Gegenden) zu werben – alles das sind Ausdrucksformen der Wicca-Religion; denn hier geht es darum, für unsere Erde zu sorgen und ihr unsere Liebe zu erweisen. Selbst politisches Engagement kann seine schönen spirituellen Aspekte haben, wenn es dazu führt, dass die Erde geschont wird.

## Die immerwährende Anwesenheit von Göttin und Gott

Dies ist eine weitere wichtige Wicca-Lehre. Wenn wir auf der Erde sind, so sind wir mit Göttin und Gott verbunden. Kein Teil von uns oder unserem Leben kann von Ihnen getrennt sein, solange wir es nicht selbst zulassen. Im Herzen lärmender Städte, in der Stille eines einsamen Tales, in einem Wohnwagen in glühender Wüstenhitze – überall sind Göttin und Gott zugegen. In unserem Büro, unserer Schule, unserer Nachbarschaft und unserem Lieblingsladen – überall sind Göttin und Gott zugegen. Wir finden Sie im Verkehrsgewühl, in den Warteschlangen vor der Bank, in den Blumen und Pflanzen auf unserem Fenstersims. Sie sind immer für uns da.

Die Allgegenwart unserer Gottheiten ist keine exaltierte spirituelle Sentimentalität – es ist die reine Wahrheit. Die Erde wird nicht durch die Göttin symbolisiert, sie ist ein identischer Teil von Ihr. Sie, die Göttin, ist allüberall. Und deshalb ist Sie also in uns – ganz ebenso wie der Gott.

Was auch immer wir tun, wohin wir auch gehen – von einer öffentlichen Toilette bis zu einem Konzert im Park – Göttin und Gott sind zugegen. Wenn wir uns diese Tatsache vor Augen halten, so können wir denn auch die immanente Spiritualität vieler Situationen erkennen.

Auf welche Weise, mit welchen Methoden können wir unsere Alltags-Spiritualität weiter intensivieren?

Wir können Göttin und Gott jeden Tag eine Gabe darbringen (siehe Kapitel 10: Opfer, Gebete etc.).

Nehmen Sie sich jeden Tag mindestens fünf Minuten Zeit für Spiritualität – »sakrale Zeit«. Während dieser fünf Minuten denken Sie einfach über Ihr Leben und die Rolle nach, die die Wicca-Religion für Sie spielt. Sie können auch andere Handlungen vollziehen, die direkt oder indirekt etwas mit Wicca zu tun haben. Betrachten Sie auch das als

»sakrale Zeit«. Im Folgenden einige Beispiele, was Sie tun könnten:

- Morgen- und Abend-Meditationen
- Die Herstellung von künstlerischen oder handwerklichen Artefakten, die ein Wicca-Thema behandeln
- Hören von klassischer oder zeitgenössischer paganer Musik
- Aufzucht und Pflege von Pflanzen
- Ehrenamtliche Tätigkeiten
- Recycling
- Verfassen von Texten über Ihr Wicca-Engagement
- Kommunikation mit anderen Wiccas
- Meditation mit Steinen und ihre Botschaften medial empfangen
- Neue Rituale entwerfen
- Mit neuen Weissagemethoden experimentieren
- Magische Kräuter sammeln
- Gärten oder Parks besuchen
- Tieren zuhören oder mit ihnen kommunizieren
- Den Kindern heidnische Märchen vorlesen (andere gibt es ja auch nicht)

Diese Liste kann noch beliebig erweitert werden. Wenn wir einmal gewahr werden, wie Wicca unser Leben prägt, so können wir eine breite Skala von Aktivitäten in einer solchen »sakralen Zeit« vollziehen.

Dieses Kapitel war eine kurze Einführung in die Kunst, das Wicca-Element in Ihrem Leben zu stärken. Dabei ist das aktive Handeln ebenso wichtig wie das Denken.

# TEIL II

# Praktizieren

## *Kapitel 8*
## *Wirkungsvolle Gebete*

Das Gebet wird in Wicca-Büchern nur spärlich behandelt, wahrscheinlich, weil es seinem Wesen nach eine höchst persönliche Erfahrung ist. Dazu kommt, dass die meisten Wicca-Bücher sich offenbar mehr mit der Beschreibung von rituellen Energien und Mechanismen befassen als sich in die wirklich spirituellen Aspekte unserer Religion zu vertiefen.

Aber jenseits von Hexenzirkeln, Altären und all dem Prunk soll Wicca ja unseren Kontakt mit dem Göttlichen unterstützen. Nun können wir die Göttin und den Gott natürlich in unseren Riten mit auswendig gelernten Beschwörungen anrufen, aber wie steht es mit nicht-rituellen Situationen? Werden Sie uns hören? Werden Sie zu uns sprechen?

Natürlich. In der Wicca-Religion ist das Ritual ein Rahmen, in dem Gebet und Magie stattfinden. Aber Gebet ist nicht nur ein ritualistischer Akt. Wir können zu jeder beliebigen Zeit beten, unsere Verbindung zu Göttin und Gott erneuern und Sie um Hilfe und Trost bitten.

Im Folgenden will ich einige Aspekte des Wicca-Gebets erläutern.

### Das Gebet findet sowohl im Inneren als auch im Äußeren statt

Viele Religionen lehren, dass unser Körper etwas Schmutziges, Ekelhaftes ist, das sogar von Gottheiten verschmäht und verabscheut wird. Solche Glaubensrichtungen negieren die Körperlichkeit und suchen das Göttliche hoch oben am Himmel.

Im Gegensatz dazu gilt für die Wicca-Gläubigen, dass Göttin und Gott sowohl in uns als auch außer uns existieren. Wenn alles in der Natur durch feine, aber durchaus reale Energien verbunden ist, so sind auch wir mit Göttin und Gott verbunden.

Und mit dieser Verbindung müssen wir uns besser vertraut machen. Aber das geht nicht, indem wir unseren Körper durchforschen und fragen: »Wo ist denn nun die Göttin? Und wo ist der Gott?« Sie wohnen nicht in irgendeinem bestimmten Körperteil von uns. Sie sind uns einfach immanent. Sie existieren in unserer DNA. Sie sind in unserer Seele zugegen. Göttin und Gott durchdringen jeden Aspekt unseres Seins.

Durch Ritual, Meditation und Gebet erlangen wir Vertrautheit mit dem göttlichen Funken in uns. In den Augenblicken, in denen wir unser Bewusstsein in Bereiche jenseits der physischen Welt erweitern, erhebt sich die göttliche Energie in uns und erfüllt unser ganzes Sein. Wenn wir Göttin oder Gott anrufen, so konzentrieren wir uns im Grunde ein weiteres Mal auf Ihre Gegenwart in uns. Sobald dies stattgefunden hat, können wir Ihre umfassendere Anwesenheit jenseits unserer eigenen Person erahnen.

Gebet ist ein Prozess, in dem wir uns auf Göttin und Gott einstimmen und mit Ihnen kommunizieren. Ob Mond, Sonne, Sterne, Meer, Wüsten, Höhlen, Erde – wo immer wir uns befänden, könnten wir Sie durch das Gebet anrufen, selbst wenn wir unter wilden Tieren leben würden; aber unsere Anrufung muss zuallererst uns selbst berühren, sie muss unser Wissen um die Göttin und den Gott in uns selbst erneuern, bevor sie die Gottheiten erreicht, die für alle da sind.

Wenn wir einen Zweig voller reifer Pfirsiche von einem Baum hängen sehen, werden wir vielleicht ein großes

Bedürfnis verspüren, davon zu essen. Aber erst wenn wir uns auf einen von ihnen konzentrieren und ihn pflücken, können wir unser Verlangen stillen. Genauso müssen wir auch im Gebet zuerst unsere Konzentration auf die Göttin und den Gott in uns richten, bevor wir die Göttlichkeit der äußeren Welt tiefer begreifen können.

Diese Anfangskonzentration erreichen wir durch Worte, Visualisierungen, Gesänge u. Ä. Es gibt dafür keine festen Regeln, aber ich möchte im Folgenden einige Vorschläge vorstellen. Probieren Sie einfach aus, was für Sie der passende Weg ist.

Zuerst stimmen sich Wiccas innerlich auf das Gebet ein, um dann das eigentliche Gebet mit folgenden Worten einzuleiten:

*O Göttin, die du in mir wohnst*
*O Gott, der du in mir wohnst*

Bei diesen Worten wird das Bewusstsein auf warme, friedliche Erinnerungen aus früheren Kontakten mit Ihnen gelenkt und gelangt in die richtige Stimmung. Dann können zum Beispiel folgende Worte folgen:

*O Göttin des Mondes, des Wassers und der Erde*
*O Gott der Wälder und Berge*

Dadurch wird der Begriff des Göttlichen nach außen erweitert und berührt Sie umfassender. Sobald nun eine tiefere Verbindung hergestellt ist, werden Sie zu konkreten Bitten und Fragen angerufen. Es werden also Gründe für das Gebet genannt.

Das Wicca-Gebet ist nicht an ferne Gottheiten gerichtet, die in fremdartigen Wolken-Palästen residieren. Wir brauchen keinen Lautsprecher, um Sie anzurufen. Es genügt, Sie wieder in uns zu spüren. Und das ist das Geheimnis.

## Die innere Gebetshaltung

Viele Menschen aller religiösen Richtungen beten nur in Zeiten großer Not, schrecklicher Anspannung oder spiritueller Krisen. Dies gehört zu unserem Wesen als Menschen: Wenn alles andere schiefläuft, erinnern wir uns an die höheren Mächte. Natürlich sind Gebete in solchen Situationen durchaus angemessen und können uns oft genau das vermitteln, was wir brauchen. Und dennoch sind es nicht die idealen Gelegenheiten für das Gebet, denn meist nehmen wir uns dabei nicht die Zeit, uns wirklich mit Göttin und Gott zu vereinen, bevor wir unsere Zwiesprache beginnen. Und das kann natürlich die Wirksamkeit des Gebets schmälern.

Deshalb ist es selbst in Augenblicken extremer Verzweiflung sehr wichtig, die richtige innere Haltung einzunehmen, bevor wir zu Ihnen sprechen. Und das ist ein Gefühl von Frieden und Hoffnung, das auf einer unerschütterlichen spirituellen Grundlage beruht.

Es kann höchst schwierig sein, in einen solchen Zustand zu gelangen, wenn ein Freund gerade erkrankt ist, wenn ein Kind von zu Hause ausgerissen ist oder die Katze vermisst wird. Trotzdem verleiht dieser friedvolle, hoffnungsvolle, spirituelle Zustand Ihrem Gebet größere Kraft, es wird Ihnen gelingen, unmittelbarer mit Göttin und Gott in Kontakt zu treten. Und wenn die Verbindung hergestellt ist, können Sie so emotional werden, wie Sie nur wollen.

Dringliche, heftige Gebete (»Göttin, hilf mir!«) oder fordernde Gebete (»Du musst mir jetzt aus der Patsche helfen. Und zwar sofort!«) werden Ihnen nur wenig oder keine spirituelle Unterstützung bringen und wahrscheinlich nur Ihre Lippen und Ihren Verstand in Gang setzen. Vielleicht erreichen solche Gebete die Gottheiten in uns. Trotzdem ist das keineswegs die effektivste Form des Gebets.

Meist sind solche Anrufungen spontan. Sie sind das Resultat neuer Information oder geistiger Durchdringung einer

Situation und können deshalb natürlich nicht vorab geplant werden. Oder doch?

Ja, das ist möglich. Mit einem Minimum an Übung und Nachdenken können Sie wirkungsloses Beten in wirkungsvolles Beten verwandeln. Wie? Beten Sie einfach jeden Tag und nehmen Sie dabei die richtige innere Haltung ein. Sprechen Sie zu Göttin und Gott über positive Ereignisse in Ihrem Leben. Danken Sie Ihnen für erfüllte Bitten. Sprechen Sie mit Ihnen über den Aufgang des Mondes, das Zwitschern der Vögel am Morgen oder die neugeborenen Kätzchen. Sprechen Sie mit Ihnen auch über Ihre Bedürfnisse, Hoffnungen und Wünsche.

Machen Sie das Gebet zu einer täglichen Gewohnheit. Warten Sie nicht bis zu jenen seltenen Augenblicken, in denen schiere Not Sie zwingt, Sie um Hilfe zu bitten. Tägliches Gebet – echtes Beten – lässt einen stabilen Kontakt entstehen. Wenn Sie Ihre Gebete nicht gerade ganz emotionslos herunterleiern, wird diese Gebets-Erfahrung Ihnen sehr zustatten kommen, wenn Sie in eine Krise geraten. Ihr Gebet mag noch immer schnell und konkret sein, aber inzwischen haben Sie einen stabilen Kontakt geschaffen, den Sie zu jeder beliebigen Zeit einsetzen können.

Gebete sollten immer respektvoll sein. Wiccas feilschen nicht mit Göttin und Gott. Wir sagen nicht: »Also gut, Göttin! Schick mir dieses neue Auto, und ich werde drei Monate lang eine Kerze für Dich anzünden!« Das ist nicht unsere Art. Wir feilschen niemals. Das Gebet besteht nicht aus Handelsverträgen.

Außerdem werden wir Göttin und Gott auch niemals im Gebet bedrohen oder herumkommandieren. Das hieße, dass wir versuchen würden, uns selbst zu Göttern zu erheben. Tut mir Leid, aber wir sind einfach keine Gottheiten.

Kaum jemand lässt sich gerne Befehle geben, und Göttinnen oder Göttern macht das auch keinen Spaß. Solche »Gebete« haben keinen Platz in der Wicca-Religion.

Und das heißt nicht, dass das nur in meiner Wicca-Vorstellung keinen Platz hat! Es gilt universell. Göttin und Gott sind einfach größer als wir. Ende der Diskussion!

Eine innere Gebetshaltung einzunehmen bedeutet also, dass man sich von dem Gebet in einen friedlichen, hoffnungsvollen, spirituellen Zustand begibt. Von diesem Zustand aus wird Ihr Gebet so viel wirkungsvoller sein.

## Das Wesen des Gebets

Viele religiöse Menschen werden betonen, dass das Gebet nur eine Kommunikation zwischen Menschen und dem Göttlichen ist. Als Wiccas aber sind wir uns der nicht-physischen Energien in unserem Körper bewusst – es sind dieselben Energien, die wir beim Ziehen des magischen Kreises, bei der Segnung von Ritualgegenständen und anderen magischen Tätigkeiten einsetzen. Wirkungsvolles Gebet ist mehr als nur Worte – denn durch Gebete, die im richtigen Bewusstseins-Zustand und mit reiner Emotion ausgesprochen werden, mobilisieren wir Energie, die wir auf Göttin und Gott richten. Insofern sind also bestimmte Formen des Gebets auch magische Akte (gerade, wenn wir Wünsche aussprechen).

Wir brauchen gar nicht zu versuchen, echtes Gebet zu einem magischen Akt zu machen, wir brauchen also keine Energie mobilisieren, programmieren und lenken. Denn dies geschieht automatisch während eines emotionalen Gebets. Wenn wir unseren Geist auf ein Bedürfnis fokussieren und mit der Göttin und Gott in Kontakt treten und mit Ihnen sprechen, so wird Energie aufgewirbelt, programmiert und gelenkt. Es ist ein Akt der Magie.

Wenn wir jedoch nicht richtig auf die Gottheiten eingestimmt oder nicht klar fokussiert sind, verflüchtigt sich die Energie des Gebets und verliert sich wohl oder übel im äußeren Raum ohne irgendeine Wirkung. In derselben Weise, wie wir viele Wassertropfen in die Badewanne schicken müssen, um ein Bad nehmen zu können, müssen wir auch unsere Energien sammeln und auf die Gottheiten richten. Ansonsten bleibt das Gebet wirkungslos. Deshalb müssen wir immer unsere Konzentration auf die Gottheiten aufrecht erhalten und dürfen uns durch nichts ablenken lassen.

Ich bitte Sie, das nicht falsch zu verstehen. Manche Arten des Gebets kann man als Zauberformeln betrachten, aber sicher nicht alle. Außerdem sind Gebete zu Göttin und Gott keine magischen, sondern religiöse Akte, die zusätzlich eben auch einen magischen Gehalt haben.

Das Wicca-Gebet ist nicht so sehr eine einfache Aufzählung von Fakten, die von den Gottheiten zur Kenntnis genommen werden sollen, sondern eher eine Art von Kommunikation mit Ihnen, bei denen persönliche Energie von uns zu Ihnen fließt.

## Verschiedene Arten des Gebets

Es gibt viele verschiedene Arten von Gebeten – um zu danken, zu lobpreisen oder um etwas zu bitten. Natürlich bestimmt immer die jeweilige Situation das Wesen des Gebets. Wenn man nur in Notsituationen betet, nutzt man nur einen geringen Teil seines Potenzials.

Die folgenden Gebete sollen nur Beispiele sein.

Dankgebete können so formuliert werden:

*O Göttin, die Du in meinem Inneren wohnst,*
*O Gott, der Du in meinem Inneren wohnst,*
*O Göttin des Mondes, des Wassers und der Erde*
*O Gott der Wälder und Berge!*
*Ich bedanke mich für …*
(oder)
*Ich bedanke mich für all die Segnungen, die mir zuteil wurden.*

Dann kann beschrieben werden, wie das Leben der Betenden dadurch transformiert wurde:

*Ich danke Dir, Du gabst mir spirituelle Kraft in dieser Zeit der Not.*
*Von Dir bin ich erfrischt und ermutigt worden.*

Oder:

*Ich danke Dir, denn Du hast mir geholfen, das*
*richtige Haus zu finden.*
*Dort können wir nun sicher leben.*

Oder:

*Ich danke Dir, denn Du hast mich gelenkt*
*So fand ich meinen echten Mann (meine echte Frau).*
*Und nun ist meine Welt erfüllt von Glück und tiefer Liebe.*

Solche Gebete können ziemlich lang werden. In Dankgebeten ist es deshalb am besten, den Grund für Ihre Dankbarkeit zu präzisieren. So wird betont, dass die Gottheiten Ihnen vor kurzem beigestanden haben, und außerdem wird dadurch die Wirksamkeit des Gebets verstärkt.

Wenn Sie Hilfe beim Entwerfen eines Rituals brauchen, so können Sie auch darum beten:

*O strahlende Göttin*
*O gnädiger Gott*
*Ihr, die Ihr alles, was ist, erschaffen habt*
*Helft mir, dieses Ritual zu Eurer Ehre zu schaffen*
*Zur Zeit des Vollmondes (oder zum Julfest u. Ä.).*

Feierliche Dankgebete können dann stattfinden, wenn – mit oder ohne direkte Hilfe von den Gottheiten – eine großartige Leistung vollbracht wurde:

*O ruhmreiche Göttin*
*Es gelang mir, die Prüfung zu bestehen.*

Oder:

*O Göttin und Mutter*
*O Vater und Gott*
*Vollendet ist das Buch (das Lied, der Garten etc.).*

Gebete in einer Notlage können so klingen:

*O Göttin, die Du in meinem Inneren wohnst*
*O Gott, der Du in meinem Inneren wohnst*
*O Göttin des Mondes, des Wassers, der Erde,*
*O Gott der Wälder und Berge*
*Ihr, die in grenzenloser Weisheit erstrahlt*
*Lehrt mich, mein Kind zu verstehen (meinen Freund, Geliebten, meine Eltern, meinen Chef etc.).*
*Verleiht mir die geistige Kraft, Ärger und Schmerz zu besiegen.*
*Löscht mein heftiges Feuer mit flüssiger Liebe.*

Natürlich gibt es viele verschiedene Bedürfnisse. In unserer Marktwirtschaft arbeiten wir, um Geld zu verdienen und damit Dinge zu kaufen, die andere geschaffen haben. Insofern sind unsere Bedürfnisse zunächst materieller Art: Wir brauchen ein neues Auto, eine Wohnung, eine gute Anstellung, mehr Geld. Bittgebete haben oft auch mit Heilung, Mitgefühl, Liebe, Schutz und vielen anderen Aspekten des alltäglichen Lebens zu tun.

Manche Probleme kommen uns unüberwindlich vor, und wir verlieren zeitweise das Vertrauen in die Gottheiten und lassen uns von negativem Denken, Enttäuschung und Angst nach unten ziehen.

In solchen Zeiten können wir so beten:

*O Göttin, die Du in meinem Inneren wohnst*
*O Gott, der Du in meinem Inneren wohnst*
*O Göttin des Mondes, des Wassers, der Erde,*
*O Gott der Wälder und Berge*
*Eure Gegenwart ersehne ich, ich will Euch spüren*
*Erinnern will ich mich an Euch.*
*Helft mir, Eure Lehren zu erinnern*
*Zeigt mir den Schlüssel,*
*Der mir den Weg zu meiner Spiritualität erschließt.*

Wir können auch in Bezug auf Probleme mit unserer Religion beten. Nach dem Einführungsteil können wir sagen:

*Göttin, ich verstehe es einfach nicht. Dieses Buch sagt, dass wir uns immer im selben Geschlecht reinkarnieren. Hilf!*

Oder:

*Göttin und Gott, ich versuche herauszufinden, wie ich den vollkommenen Kreis ziehe. Lenke meinen Geist, mein Herz und meine Hand, während ich daran arbeite.*

Vergessen Sie nicht, dass alle Gebete mit einer inneren Gebetshaltung formuliert werden müssen, wenn Sie wirkungsvoll sein sollen.

Das Wicca-Gebet ist ein privater, persönlicher Aspekt unserer Religion. Wir alle haben unsere eigenen Methoden, um die Verbindung mit den Gottheiten herzustellen. Aber die Techniken, die ich in diesem Kapitel skizziert habe, können dabei helfen, den Kontakt herzustellen und das Gebet zu einem positiven und unterstützenden Instrument des täglichen Lebens zu machen.

Beten Sie oft! Denn dies ist ein wesentlicher Teil der Wicca-Religion.

## Kapitel 9
## Gebete und Gesänge für jeden Tag

Unsere Religion verehrt die Göttin und den Gott. Deshalb ist es wichtig, dass wir die Verbindung mit Ihnen schaffen und aufrechterhalten. Das tägliche Leben bietet viele Möglichkeiten, um dieses Band zu stärken. Kurze Gebete nach dem Aufstehen, vor dem Essen, vor dem Schlafengehen und zu anderen Zeiten des Tages sind höchst empfehlenswert.

In diesem Kapitel finden Sie eine Reihe von einfachen oder auch formellen Gebeten für viele Gelegenheiten. Fühlen Sie sich frei, sie direkt zu übernehmen oder sie als Leitfaden für die Gestaltung eigener Gebete zu verwenden. Ich nenne die Gottheiten immer »Göttin« und »Gott«, aber vielleicht haben Sie andere Namen für Sie.

Tägliches Beten – spontan oder formalisiert – ist ein weiterer Weg, um Wicca mehr und mehr ins eigene Leben zu integrieren. Es kommt dabei nicht so sehr auf die genauen Worte an, vielmehr geht es um Ihr persönliches Engagement in diesem Prozess.

### Alltags-Gebete und Gesänge

Gebete vor dem Essen (die auch geflüstert oder nur gedacht werden können):

*Aus Wäldern und Strömen*
*Aus Bergen und Feldern*

*Aus der nährenden Ernte*
*Der fruchtbaren Erde*
*Nehme ich nun teil*
*An göttlicher Kraft.*
*Möge sie mir Gesundheit,*
*Kraft und Liebe verleihen.*

Oder:

*Göttin der grünen Wiesen*
*Gott des sonnengereiften Korns*
*Göttin des kühlenden Regens*
*Gott der süßen Früchte*
*Segnet das Mahl, das ich bereitete*
*Nährt mich mit Liebe*
*Segnet das Mahl, das ich nun teile*
*Mit Euch in den Höhen.*

Oder:

*O Göttin, die Du in meinem Inneren wohnst*
*O Gott, der Du in meinem Inneren wohnst*
*Nun habe ich teil an der Erde Fruchtbarkeit.*
*Segnet diese Speisen mit Eurer Liebe.*

Morgengebete:

*Segne diesen Tag, Sonne voll feurigem Licht.*
*Segne diesen Tag, bereite mich vor für die Nacht*

Oder:

*Neues Sonnenfeuer steigt am Himmel auf*
*Der Glanz der Sonne flutet, fließt auf mich herab.*

Oder:

*O gnädige Göttin*
*O gnädiger Gott*
*Verleiht mir Kraft, Gesundheit und Liebe*
*Für diesen neuen, kommenden Tag.*
*Helft mir, Schweres zu tragen*
*Spendet mir göttliche Weisheit*
*Lehrt mich, alle Dinge zu achten*
*Erinnert mich, dass Liebe*
*Das Machtvollste ist.*

Abend- und Nachtgebete:

*Die Mondin erleuchtet die Erde*
*Mit wundersam silbernem Strahl*
*Erleuchte mich in der Nacht*
*Und im Getriebe sonniger Tage.*

Oder:

*O gnädige Göttin*
*O gnädiger Gott*
*Nun trete ich ein in das Reich der Träume*
*Webt nun für mich, so Ihr wollt,*
*ein Gewebe schützenden Lichtes,*
*Das mich umhüllt.*
*Wacht über mich –*
*Wenn mein Körper ruht,*
*Und mein Geist*
*Wacht über mich*
*Bis die Sonne von neuem*
*Die Erde regiert*
*O gnädige Göttin*
*O gnädiger Gott*
*Begleitet mich durch die Nacht.*

Oder:

*Herrin des Mondes, Herr der Sonne*
*Schützt mich und die Meinen*
*Der Tag ist vergangen, die Nacht steht herein.*

Ein Neumondlied:

*Dianas Silbersichel wächst*
*In fließend-weißem Licht*
*Umfließt auch mich*
*Mit silbriger Liebe.*

Ein Bittgebet:

*Göttliche Mutter*
*Gib mir ein Zeichen*
*Und weis mir den Weg.*

# Kapitel 10
# Gebete und Rituale der Danksagung und des Opfers

## Opferrituale

Viele Wiccas bringen nach altem Brauch der Göttin und dem Gott täglich eine kleine Gabe dar. Dies geschieht meist vor den Bildern der Gottheiten, kann aber überall, auch im Freien, durchgeführt werden.

Es stärkt die innere Verbindung mit den Gottheiten und mit unserer Religion. Das ist ein guter Grund, um in regelmäßigen Abständen Opfergaben darzubringen.

Der wichtigste Gegenstand bei solchen Ritualen ist die Opferschale, in die man die Gabe platziert – jedenfalls im Inneren eines Hauses. Sie kann aus jedem beliebigen Naturmaterial bestehen, aber Ton, Holz, Keramik oder Silber sind am besten.

Was für Opfergaben sollten wir darbringen? Prinzipiell empfiehlt sich Nahrung in jedweder Form (außer Fleisch), aber auch kleine, wertvolle Dinge. Selbst Schmuck und andere teure Gegenstände werden manchmal geopfert und in der Erde vergraben. Wenn Sie nichts anderes haben und nicht einmal übrige Nahrung entbehren können, können Sie auch reines Wasser darbringen, denn Wasser ist nicht nur für unser menschliches Leben notwendig, es ist auch von der Kraft der Göttin erfüllt. Auch Weihrauch kann entzündet werden, aber es sollte eine Sorte sein, die Sie sonst nicht verwenden.

Eines bleibt noch zu sagen, und ich wünschte, ich brauchte nicht darauf hinzuweisen. Aber falls es jemandem entgangen sein sollte: Wir opfern den Gottheiten niemals irgendein Lebewesen.

Eine Opfergabe muss mit wachem Bewusstsein, mit Gefühlen der Dankbarkeit, mit Konzentration und klarer Intention dargebracht werden. Belanglose Gaben sind sinnlos. In früheren Zeiten glaubten die Menschen, dass Opfergaben von entscheidender Bedeutung für das Weiterleben ihrer SpenderInnen seien. Heute verstehen wir sie als wichtigen Beitrag zu unserer spirituellen Existenz.

Sie können sich entscheiden, wie oft Sie opfern – einmal pro Tag, pro Woche, pro Monat, alle drei Wochen, an jedem Vollmond usw. Tatsächlich sind solche Rhythmen besser als unregelmäßige, zufällige Rituale. Die Tageszeit ist dabei nicht wirklich wichtig, aber die meisten tun es am liebsten nachts. Bestimmen Sie auch hier wieder, was für Sie am besten ist.

Natürlich können Opfer auch zu allen beliebigen Zeiten stattfinden, um für die Erfüllung eines Bittgebets zu danken.

Nach dem Opfer können Sie einige Momente verharren, um darüber nachzudenken, welchen inneren Sinn Ihre rituellen Handlungen hatten.

Im Folgenden finden Sie einige Vorschläge für Opfergebete:

Für das tägliche Opfer:

Legen Sie die Gabe in die Schale (oder auf den Boden, wenn Sie im Freien sind) und sagen Sie dabei:

*Was ich bekomme, gebe ich auch gerne weiter*
*Göttin und Gott, akzeptiert diese Gabe von mir.*

Oder:

*Zum Zeichen meiner Hingabe gebe ich dies.*
*Möge es meine Bande mit Euch verstärken.*

Eine Opfergabe für ein bestimmtes Anliegen.

Das dürfen Sie keinesfalls als Bestechungsversuch missverstehen. Göttin und Gott können wir nicht bestechen, denn Sie besitzen alles, was existiert. Sie haben es ja selbst geschaffen. Aber die Überreichung einer Gabe vor der Formulierung eines Wunsches hat einen energetischen Hintergrund: Die Energie, die in der Gabe enthalten ist, wird von der Kraft des Gebetes zu den Gottheiten geschickt und verleiht unserem Wunsch stärkeren Ausdruck.

Passen Sie die Opfergabe an die Art Ihres Wunsches an: Es soll immer etwas sein, was Ihnen auf emotionaler, mentaler oder finanzieller Ebene wichtig ist. Vergraben Sie es in der Erde, während Sie um die Erfüllung Ihres Wunsches beten.

Und dann ist es vollbracht. Opfergaben dürfen Sie nicht wieder ausgraben und zurückholen. Was Sie den Gottheiten geschenkt haben, haben Sie in materieller Form losgelassen. Das kann nicht rückgängig gemacht werden.

## Dank-Rituale

Als Dank für einen erfüllten Wunsch können Sie folgende Worte an die Göttin richten:

*Göttin*
*Was kein menschliches Ohr zu hören vermochte,*
*das hörtest Du.*
*Was kein menschliches Auge zu sehen vermochte,*
*das sahst Du.*
*Was kein menschliches Herz ertrug,*
*das hast Du verwandelt.*
*Was keine menschliche Hand zu tun vermochte,*
*das tatest Du.*
*Was keine menschliche Macht verändern konnte,*
*das hast Du verändert.*

*Göttin der Liebe, Göttin der Allmacht*
*Du, durch Die alle Kraft fließt und strömt*
*Quelle allen Seins*
*Herrin des Kosmos*
*Schöpferin der Welt*
*Nimm dieses einfache Zeichen des Dankes*
*wohlgefällig an*
*Es ist von einer Wicca, die im Stillen wirkt*
*Die ihre Stimme erhob und erhört wurde.*

Legen Sie nun eine Opfergabe – eine Blume, eine Münze, einen Edelstein, ein von Ihnen gemaltes Bild oder irgendeinen anderen kostbaren Gegenstand – auf die Erde. Oder vergraben Sie ihn in der Erde. Wenn dies nicht sofort geschehen kann, so legen Sie den Gegenstand in die Opferschale und schenken Sie ihn später der Erde.

Ein Dank-Ritual für allein praktizierende Wiccas:

Nur Sie werden wissen, wann Sie dieses Ritual vollziehen wollen. Es kann zu jeder Mondphase, tagsüber oder nachts durchgeführt werden, wenn es eben notwendig ist.

Sie brauchen dafür eine große weiße oder rosafarbene Schale, eine weiße Kerze, Wasser, kleine, frische Blüten und ein Stück weißer Baumwolle.

Stellen Sie die Schale auf den Altar oder auf irgendeinen Tisch. Wenn Sie möchten, können Sie auch den magischen Kreis ziehen. Befestigen Sie die weiße Kerze in der Mitter der Schale mit warmem Bienenwachs oder Tropfen von einer anderen weißen Kerze, sodass die Schale als Kerzenhalter fungiert.

Gießen Sie Wasser in die Schale, lassen Sie die frischen Blüten auf der Wasseroberfläche schwimmen und entzünden Sie die Kerze.

Visualisieren Sie den Grund für das Ritual! Führen Sie sich vor Augen, weshalb Sie den Gottheiten danken wollen. Berühren Sie das Wasser auf beiden Seiten der Kerze mit den Fingerspitzen und sprechen Sie dabei die Worte:

*Herrin des Mondes, der Sterne, der Erde*
*Herr des Sonne, der Wälder, der Berge.*
*Ich vollziehe den Ritus des Dankes.*
*Meine Liebe leuchtet wie Feuerflammen*
*Schwimmenden Blüten gleicht meine Liebe,*
*Von Euch getragen, von Euch.*
*Herrin des Wassers, der Blumen, der Meere*
*Herr der Lüfte, der Hörner, des Feuers*
*Ich vollziehe den Ritus des Dankes.*
*Meine Liebe leuchtet wie Feuerflammen*
*Schwimmenden Blüten gleicht meine Liebe,*
*Von Euch getragen, von Euch.*
*Herrin der Höhlen, der Katzen, der Schlangen*
*Herr des Flachlands, der Falken, der Hirsche*
*Ich vollziehe den Ritus des Dankes*
*Meine Liebe leuchtet wie Feuerflammen*
*Schwimmenden Blüten gleicht meine Liebe,*
*Von Euch getragen, von Euch.*

Blicken Sie in die Kerzenflamme und dann ins Wasser. Blasen Sie sanft auf die Wasseroberfläche und beobachten Sie die Bewegungen der Blüten. Meditieren Sie, fühlen Sie sich verbunden, danken Sie.

Wenn es an der Zeit ist, können Sie die Blüten aus dem Wasser nehmen und auf das weiße Baumwolltuch legen, um sie dann darin einzuwickeln. Falls Sie einen magischen Kreis gezogen haben, können Sie ihn nun lösen. Beenden Sie Ihr Dankesritual, indem Sie die Kerzenflamme löschen, das Wasser auf den Boden gießen und die Blumen in der Erde vergraben.

Es ist vollbracht.

# Kapitel 11
# Einfache Wicca-Rituale

Sagen wir, Sie freuen sich schon auf eine bevorstehende Reise. Dann bemerken Sie, dass Ihre Reisepläne sich mit der Feier eines Jahresfestes oder eines anderen (Mond)-Festes überschneiden. Alle magischen Ritualgegenstände mitzunehmen wäre weder praktisch noch empfehlenswert, was also können Sie tun?

Zu anderen Gelegenheiten kann ganz plötzlich das Verlangen nach einem Ritual entstehen. Und dann haben Sie wenig oder gar keine Zeit, es vorzubereiten. Vielleicht erfahren Sie, dass ein Freund oder eine Freundin im Krankenhaus liegt, dass jemand, den oder die Sie lieben, in Gefahr ist. Welche Möglichkeiten haben Sie?

Die Antwort ist: Vereinfachen Sie Ihre Wicca-Rituale! In bestimmten Fällen ist es angesagt, auf Riten der traditionellen Magie zurückzugreifen. In rein spirituellen Angelegenheiten können auch weniger komplexe Rituale mächtige Bewusstseinsveränderungen und eine befriedigende Verbindung mit den Gottheiten erschaffen.

Rituelle Ritualgegenstände (Athame, Zauberstab, Kelch, Weihrauchgefäß und Salz) sind die Helfer beim Ritual. Sie sind nicht notwendig, aber wenn wir mit dem Wicca-Studium beginnen, sind sie von unschätzbarem Wert, wenn es darum geht, das rituelle Bewusstsein zu erzeugen, den heiligen Raum zu definieren und zu reinigen und die Gottheiten anzurufen. Wenn wir dann die Grundlagen gefestigt haben, sind solche Werkzeuge zwar willkommen, aber nicht mehr notwendig. Sie können es erraten: Ein vereinfachtes Ritual besteht aus magischen Prozessen, die mit einem Minimum von Ritualgegenständen und rituellen Bewegungen auskommen.

Ich habe schon Rituale mit einem Papiertütchen voll Salz gemacht (wie man es in Restaurants findet), mit einem kleinen Wasserbecher aus Pappkarton, einer Kerze vom Geburtstagskuchen und einem gewöhnlichen Küchenmesser. Mit Salz und Wasser weihte ich die Umgebung, mit dem Küchenmesser zog ich einen kleinen Kreis, und die Geburtstagskerze entzündete ich für die Gottheiten. Dies war ein durchaus befriedigender Ritus, obwohl ich kein rituelles Bad nahm und nur wenige Ritualgegenstände und Zeit für die Vorbereitung hatte.

Zusammen mit einigen FreundInnen vollzog ich einmal ein äußerst vereinfachtes Heilungsritual für einen kranken Freund im Krankenhauszimmer. Ich habe in der Stille eines fernen Hotelzimmers gechantet und einfache Mondrituale durchgeführt, wenn der Mond gerade durch die Bäume lugte.

Ich praktizierte auch mit Ritualgegenständen, die ausschließlich der freien Natur entstammten, ob ich nun zu Hause oder draußen war. Die Erde unter mir, das Wasserrauschen vor mit, die Luft und die feurige Kraft der Sonne über mir. Sehr oft verließ ich mich einzig und allein auf mein Bewusstsein, meine Emotionen und meine Visualisierungsfähigkeit, um vereinfachte Wicca-Rituale zu vollziehen.

Ich hatte damit ja schon begonnen, als ich noch halbwüchsig war und noch bei meinen Eltern lebte. Das zwang mich zu vereinfachten Ritualen: Kerzenlicht, leises Chanten, der Blick ins Feuer an den Jahresfesten, Flüstern von Vollmond-Beschwörungen, wenn ich grade auf dem Fenstersims saß und zu der großen Mondscheibe emporblickte.

Kurz und gut: Ritualgegenstände und Formeln sind wichtig, weil sie teilweise unsere Religion definieren, aber sie sind nicht notwendig. Ein wirkungsvolles Ritual hängt nicht von der Anzahl der Ritualgegenstände ab, die man auf dem Altar stapelt, sondern es entspringt Ihrem Inneren und entwickelt sich von dort aus. Ritualgegenstände und auswendig gelernte Gesänge markieren innere Verwandlungen wie etwa den Eintritt in die rituelle Trance. Sie können uns helfen, diese inneren Transformationen in Gang zu setzen, aber notfalls geht es auch ohne sie.

Im Folgenden zeige ich Ihnen, wie Sie improvisierte und vereinfachte Wicca-Rituale gestalten können. Das soll nur ein Muster sein, aus dem Sie sich Anregungen für Ihre eigene Gestaltung holen können. Das kann immer öfter nötig sein, meist, wenn Sie nicht zu Hause sind und keine Bücher zum Nachschlagen haben. Um auf solche Situationen vorbereitet zu sein, können Sie schon im Vorhinein einige Ideen für einfache und wirkungsvolle Wicca-Rituale entwickeln, die unabhängig von Ort, Zeit und magischen Gegenständen sind.

## Den magischen Kreis ziehen

Sie stehen, sitzen oder liegen, je nach Situation. Mobilisieren Sie Energie, indem Sie Ihre Muskeln anspannen. Visualisieren Sie diese Energie in Ihrem Inneren als violettblau glühenden Feuerball. Lenken Sie diese Energie nun mit Ihrer Schutzhand nach außen in einen kleinen magischen Kreis. Oder senden Sie die Energie im Uhrzeigersinn um sich herum, ohne Ihre Hand zu bewegen. Fühlen Sie, wie der Kreis schimmert und pulsiert. Wenn es möglich ist und Sie es wünschen, so verteilen Sie vor dem Ziehen des magischen Kreises Salz und/oder Wasser rings um sich herum, um die Stelle zu reinigen.

## Die Anrufung der Gottheiten

Auswendig gelernte Gebete passen vielleicht genau auf die Situation. Sagen Sie einfach, was Sie fühlen. Konzentrieren Sie sich während des Gebets auf Ihre Verbundenheit mit den Gottheiten. Wenn die Umstände es nicht erlauben, laut zu sprechen, so beten Sie einfach in Gedanken. Etwa mit folgender Gebetsformel:

*Sei bei mir zugegen, Mutter! Göttin!*
*Sei bei mir zugegen, Vater! Gott!*

Erklären Sie dann die Situation oder formulieren Sie, was Ihnen zur Feier des Rituals einfällt. Das braucht nicht langatmig zu sein. So kann es aussehen:

- Nennen Sie den Grund für das Ritual: Feiern eines Jahresfestes (sagen Sie auch dazu, welches es ist), eines Vollmondfestes oder irgendein anderes Anliegen.
- Sagen Sie etwas über die Situation oder bitten Sie um Ihre Hilfe.
- Danken Sie den Gottheiten für Ihre Aufmerksamkeit.

Beim Julfest könnte dies z. B. so klingen:

*Ich trete heute vor Euch, um das Julfest zu feiern. Aus der Göttin wird die Sonne wiedergeboren. Das Licht nimmt zu. Der Frühling kündigt sich an.*

Sinnen Sie einige Augenblicke über die Bedeutung dieses Festes nach und sagen Sie dann:

*Göttin und Gott, ich danke Euch, dass Ihr in meinen einfachen Kreis eingezogen seid. Lebt wohl.*

Vielleicht möchten Sie auch auswendig gelernte Anrufungen rezitieren oder viele andere Worte mehr sagen. Folgen Sie Ihrer Intuition.

## Die Beendigung des Rituals

Nachdem Sie den Gottheiten gedankt haben, lassen Sie die Energie, mit der Sie den Kreis erzeugten, wieder in sich zurückfließen. Wenn irgend möglich, sollten Sie unmittelbar danach etwas essen. Wenn Sie nichts haben, nehmen Sie eine Prise Salz. Das vereinfachte Ritual ist nun beendet.

Wenn Sie Ihre Worte flüstern und Ihre Handlungen nur innerlich vollziehen, dann können solche Rituale auch in überfüllten Räumen, im Beisein anderer Personen ohne deren Wissen stattfinden. Sie können wahrheitsgemäß sagen, dass Sie kurze Zeit beten möchten, ohne zu offenbaren, zu wem Sie beten.

Es gibt keinen Grund, ein Ritual auszulassen, nur weil Sie gerade keinen Zugang zu Ihren Ritualgegenständen haben oder nicht eingeladen wurden. Dies ist einer der großen Vorteile, den allein praktizierende Wiccas genießen: Sie brauchen keine anderen Wiccas verständigen. Denn sie können sich auf ihre eigene Fähigkeit zum Ritual verlassen – auch und gerade, wenn es ein vereinfachtes ist.

# Kapitel 12
# Magie und allein praktizierende Wiccas

Magie ist ein ungeheuer mächtiges Instrument, mit dem wir unser physisches und spirituelles Leben transformieren können. Dieser natürliche – wenn auch nur unzureichend verstandene – Prozess ist ein wesentlicher Teil der Wicca-Religion. Wir laden unsere Ziele mit Energie, wir erschaffen den magischen Kreis, und wir vollziehen unsere Rituale mit Magie. Auch die Reinigung und Weihe von Ritualgegenständen und Schmuck findet auf magische Weise statt.

In diesem Kapitel beschränke ich mich auf die Wicca-Magie im Gegensatz zur traditionellen Magie. (Diese lädt auf nicht-religiöse Weise Ritualgegenstände wie Kerzen, Kräuter, ätherische Öle und Farben mit persönlicher Energie, um Veränderungen zu erzielen.)

## Der magische Kreis

Inzwischen sollten Sie wissen, wie der magische Kreis – der »heilige Raum« – geschaffen wird. Sie mobilisieren Energie, geben ihr ein Ziel und lenken sie entweder mental oder mit einem magischen Instrument aus Ihrem Inneren nach außen, sodass Sie wie von einer großen Kugel umgeben sind, in der Sie Ihre Rituale durchführen können.

Das sollte also inzwischen klar sein. Aber wie gut kennen Sie nun diesen Prozess? Ist er für Sie ganz selbstverständlich? Wissen Sie wirklich, was da vor sich geht? Haben Sie schon einmal die Festigkeit dieser Kugel geprüft? Haben Sie die Oberfläche der Kugel mit der ausgestreckten Hand feinstofflich erfühlt? Ist Ihr Kreis – eigentlich eine Halbkugel – vollkommen regelmäßig? Oder ist er eiförmig? Hat er Dellen? Steht er schief? Ist er zu groß?

Diese Fragen können Sie sich beim nächsten magischen Kreis, den Sie erschaffen, beantworten. Setzen Sie alle Ihre Sinne – vor allem die übersinnlichen – ein und begutachten Sie Ihren neugeschaffenen Kreis. Beantworten Sie die oben gestellten Fragen und prüfen Sie, ob Sie sich in diesem neuen Kreis anders fühlen als bisher. Darum geht es nämlich. Wenn Ihnen Fehler auffallen, so schließen Sie den Kreis und fangen Sie noch mal an, diesmal mit mehr Konzentration.

Bei der Erschaffung unserer magischen Kreise dürfen wir niemals schlampig werden. Denn dieser Vorgang entspricht dem Bau einer Kathedrale oder der Errichtung von Stonehenge: Wir erbauen einen Tempel, *unseren* Tempel, in dem wir unsere Gottheiten verehren. Er verdient unsere ganze Zeit, Energie und Aufmerksamkeit.

## Energie im magischen Kreis mobilisieren

Auch dieser magische Prozess sollte inzwischen vertraut sein. Man visualisiert einen Wunsch und mobilisiert dabei Energie aus dem Inneren. Durch die Visualisierung wird der Inhalt des Wunsches mit der mobilisierten Energie verschmolzen. Und dann wird sie ausgeschickt.

Unglücklicherweise haben allein praktizierende Wiccas nur wenige Methoden zur Mobilisierung von Energie. Erstens: Sie sitzen vor dem Altar und beginnen langsam einen Wunsch oder ein Ziel zu formulieren, ohne dabei in Ihrer Visualisierung schwankend zu werden. Sie spannen alle Ihre Muskeln an – dies erzeugt Energie, selbst wenn Sie sich nicht bewegen. Nun schwillt diese Energie an und droht, sie zu überschwemmen. Sie entlassen sie.

Eine zweite Methode ist etwas materieller: Sie beginnen langsam im Uhrzeigersinn um den Altar zu gehen oder zu tanzen und visualisieren und/oder chanten dabei Ihr Anliegen. Nun wird der Tanz schneller. Wenn Sie Ihre Energie nun entlassen, brechen Sie vielleicht in eindrucksvoller Weise auf dem Boden zusammen.

Drittens gibt es Atemtechniken, mit denen wir die Muskeln anspannen und so unser Energie-Niveau heben können.

Und das wär's auch schon, liebe allein praktizierende Wiccas! Es gibt noch einige andere Methoden, aber sie erfordern die Anwesenheit mehrerer Personen und sind hiermit auf Covens beschränkt.

## Energie aussenden

Bei magischen Prozessen, die in Covens stattfinden, wird Energie von allen Anwesenden mobilisiert, und zwar solange, bis die erzeugte Energie ihren Höhepunkt erreicht hat. Nun setzen die Anwesenden diese Kraft frei, fallen dabei vielleicht zu Boden, lassen ihre Muskeln erschlaffen, während die Energie aus dem Kreis hervorströmt. Personen, die an diesem Prozess teilnehmen, möchte ich in diesem Zusammenhang als »Energie-Schöpfer« bezeichnen.

Meist, aber nicht immer, wird diese Kraft dann von einer einzigen Person, etwa der Hohepriesterin, durch den Kreis gelenkt und schließlich freigesetzt. Manchmal wird sie auch in einen physischen Gegenstand, der sich innerhalb des Kreises befindet, gesandt. Die Person, die ich hier als »Energie-SenderIn« bezeichnen will, besitzt die Fähigkeit, die gesamte Energie in sich aufzunehmen und nach außen auf ihr Ziel zu richten.

In manchen Covens können jedoch alle TeilnehmerInnen ihre Energie einzeln ausschicken. Aber auch in diesem Fall gibt es eine leitende Person, die »Energie-Senderin«, die verirrte Energie aufnimmt und den gesamten Prozess kontrolliert.

Allein praktizierende Wiccas sind immer sowohl »Energie-SchöpferInnen« als auch »Energie-SenderInnen«. Und das erfordert Übung und Disziplin. Aber in der Art, wie Sie Energie freisetzen, unterscheiden sie sich nicht von den Covens. Stoßen Sie also Ihre gesammelte Energie aus und entspannen Sie dabei alle Muskeln auf einmal. Die aus Ihrer Hand oder Ihrem Athame ausströmende Energie können Sie dann durch Visualisierung zu ihrem Ziel lenken.

Manchen fällt dies am Anfang schwer. Zwar empfinden sie die Energie und versuchen, sie auszuschicken, aber sie sind unsicher, ob sie tatsächlich ihr Ziel erreicht. Viele frisch gebackene, allein praktizierende Wiccas fragen sich auch, wie die Energie den magischen Kreis durchwandern und verlassen kann, wo doch die Funktion dieses Kreises gerade darin besteht, sie zurückzuhalten.

Die Perfektion bei der Mobilisierung und Aussendung magischer Energie ist eine der großen Herausforderungen, mit denen allein praktizierende Wiccas konfrontiert sind. Aber das kommt mit der Zeit.

Wenn das einmal gelungen ist, so folgt als nächste Aufgabe die Mobilisierung von mehr Energie, also die Intensivierung des gesamten Vorgangs.

Machen Sie sich keine Sorgen, dass der magische Kreis den Austritt der Energie blockieren könnte. Es ist wie bei einer Tür in einem Gebäude. Sie befinden sich in seinem Inneren, und sobald Sie Energie aussenden, öffnet sich das Tor. Der magische Kreis »weiß« einfach, dass eine seiner Aufgaben darin besteht, Energie nach außen dringen zu lassen. Und wenn sie ausgetreten ist, so schließt sich das Tor automatisch.

Nun gut, werden Sie nun sagen. Wir stehen im Zimmer und schicken Energie durch die Tür nach draußen. Aber warum sickert die Energie nicht weg, bevor wir bereit sind, sie freizusetzen? Die Antwort ist: Weil wir nicht genügend davon ausgesandt haben, um die Tür zu öffnen. Der bloße Griff nach dem Türknauf bedeutet noch nicht, dass sie sich öffnet. Wir müssen genügend Kraft und Druck in der geeigneten Kombination ausüben, um das Hindernis zu beseitigen. Das trifft auch auf magische Prozesse zu: Nur ein konzentrierter, direkter Energiestrom ist stark genug, um ein zeitweiliges Loch in den Kreis zu bohren und in den äußeren Raum zu wandern.

Ein Coven kann über einen Zeitraum von bis zu einer halben Stunde oder noch länger durch Kreistänze, Chanten und andere Methoden Energie mobilisieren. In dieser ganzen Zeit kann es nicht ausbleiben, dass die TeilnehmerInnen einiges von ihrer Energie vor dem Augenblick der Freisetzung, der von der Hohepriesterin bestimmt wird, verlieren. Aber der Kreis bewahrt diese Energie bis zu dem Augenblick, an dem die gesammelte Kraft aller TeilnehmerInnen, gelenkt von der Hohepriesterin, die Tür öffnet.

Auch allein praktizierende Wiccas mobilisieren Kraft innerhalb des Kreises. Ja, und uns kann es auch passieren, dass wir ein bisschen Energie zu früh verlieren. Aber es ist wichtig, dass wir die Energie bis zum letztmöglichen Zeitpunkt festhalten. Ein einziger, konzentrierter Energieausstoß ist am wirkungsvollsten.

Stoßen Sie die Energie aus sich heraus. Lassen Sie sie in einem konzentrierten Strahl explodieren – durch den Kreis bis zu seinem Ziel. Visualisieren und erspüren Sie, dass sich jede überschüssige Energie, die im Kreis herumliegt, dem eigentlichen Energiestrom anschließt.

Da keine zweite Person anwesend ist, um die Energie zu lenken, müssen Sie dies selbst tun. Zum Glück ist es mit einiger Übung ganz einfach. Visualisieren Sie!

Nach jedem Wicca-Ritual, vor allem solchen, bei denen Magie im Spiel war, bleibt natürlicherweise ein wenig Energie im Kreis. Diese kann sich zerstreuend auswirken, und deshalb hat sich der Brauch eingebürgert, nach jedem Ritual etwas zu essen. Proteinhaltige Nahrungsmittel wie Bohnen,

Mais, Milchprodukte usw. sind dafür ideal. Essen bringt das Bewusstsein wieder in die profane Wirklichkeit zurück und ersetzt Energie, die während des magischen Prozesses verloren ging.

Das waren also einige Einzelheiten aus dem magischen Wirken allein praktizierender Wiccas. Einst waren das streng gehütete Geheimnisse. Heute können wir alle an diesem Wissen teilhaben und es nutzbar machen, um unsere Lebensqualität zu steigern.

Aber einige Dinge müssen noch betont werden:

Wicca-Magie im magischen Kreis muss für positive Veränderungen eingesetzt werden. Negative Magie hat in der Wicca-Religion keinen Platz, und sollten wir sie in einem magischen Kreis erzeugen wollen, so kann dies unmittelbar auf den Täter oder die Täterin zurückschlagen. Energie, die im »heiligen Raum« mobilisiert wurde, steht in direkter Verbindung mit den Gottheiten. Wenn Sie Ihnen negative Energie schicken, so kehrt sie sofort in dreifacher Wucht zu Ihnen zurück.

Im Laufe der Jahre haben viele wohlmeinende Wiccas vor den »Gefahren« gewarnt, die allein praktizierenden Wiccas drohen. Sie erklärten, dass ein Coven als Sicherheitsventil fungieren kann, um beispielsweise einen überhitzten Teilnehmer zu neutralisieren, der den Coven zu einem negativen magischen Ritual bewegen will. Denn kein Coven sollte sich auf negative Magie einlassen.

Dieses Argument gegen allein Praktizierende, das zunächst recht plausibel erscheint, lässt sich leicht widerlegen. Eine moralisch gefestigte Person ist moralisch gefestigt. Niemand, der oder die das erste Wicca-Gebot (»Tu niemandem etwas zu Leide«) akzeptiert hat, wird sich zu einem negativen magischen Ritual verführen lassen, ob er/sie nun zu einem Coven gehört oder nicht.

Man kann es nicht oft genug sagen: Niemanden schädigen heißt wirklich »niemanden« – einschließlich Ihrer eigenen Person. »Schaden zufügen« bedeutet dabei eine Störung oder Manipulation von anderen Menschen und umfasst auch Verhexung, Verfluchung sowie personenspezifische Liebeszauber.

Wenn dieser Grundsatz akzeptiert ist, und das sollte bei allen, die sich Wiccas nennen, auch der Fall sein, so verflüchtigen sich die imaginären Gefahren, die allein praktizierenden Wiccas drohen, wie von selbst.

# TEIL III

# Die eigene Wicca-Form

# *Kapitel 13*
# *Einen neuen Weg erschaffen*

Vieles in der herkömmlichen Wicca-Religion ist in einzelnen Traditions-Linien festgeschrieben. Sie bestehen aus Glaubenssätzen und Gebräuchen, die von einer Generation oder Gruppe zur anderen weitergegeben werden, und das findet oft auch mittels der Initiation statt.

Solche Traditions-Linien waren immer die wichtigsten Überlebens-Mechanismen unserer Religion. Für die Erhaltung einer Religion sind immer Strukturen vonnöten. Ohne sie bricht alles in Chaos und Verwirrung zusammen.

Wenn alle Wiccas ständig jeden Aspekt (Ritualgegenstände, Ritualabläufe, Begriffe von Gottheiten) neu erfinden müssten, so wäre unsere Religion schnell verschwunden. Ohne traditionelle Modelle und Glaubenssätze wäre sie wohl kaum an andere vermittelbar.

Aber als allein praktizierende Wiccas folgen wir keiner bestimmten Traditions-Linie – es sei denn, wir hätten sie in einem Coven gelernt, aus dem wir dann ausgetreten sind. Dies bietet uns einen großen Freiraum. Manche allein praktizierenden Wiccas entwerfen für alle Jahresfeste und sonstigen Zeremonien neue Rituale und leben so eine ziemlich lockere Form von Wicca.

Viele von ihnen verspüren dann aber das Bedürfnis, ihre eigene Form zu gestalten, um ihre religiösen Gebräuche und Glaubenssätze auf eine solide Grundlage zu stellen. Solche neuen Formen entwickeln sich mit der Zeit und mit zunehmender Erfahrung. Sie sind ein wertvolles Bezugssystem, ein Fels in der wilden Brandung selbstgelenkter Religiosität, und sie garantieren allein praktizierenden Wiccas, dass sie sich auf dem richtigen Weg befinden. Verschiedene Traditions-Linien oder neue Wege und Formen sind wie Wege zur Göttin, die alle auf einer Landkarte eingezeichnet sind.

Teil III dieses Buches zeigt Ihnen den Weg zu einer neuen Wicca-Form, die genau auf Sie zugeschnitten ist. Sie schreiben sie selbst und können sie deshalb an Ihre spezifischen Bedürfnisse anpassen. Das Ergebnis schenkt Ihnen vielleicht viel mehr spirituelle Befriedigung als irgendeine bereits existente Wicca-Linie.

Natürlich ist das kein notwendiges Unterfangen. Aber falls Sie sich entscheiden, Ihre eigene Form zu entwerfen, gebe ich Ihnen in diesem und den folgenden Kapiteln einige Ideen mit auf den Weg.

## Warum sollte man eine neue Form entwerfen?

Warum nicht? Nur wenige veröffentliche Schattenbücher sind vollständig, und so gut wie alle sind für Gruppen-Rituale gedacht und deshalb für allein Praktizierende so gut wie gar nicht geeignet. Das allein ist schon Grund genug, um eine eigene Form zu kreieren.

Außerdem kommt Ihnen das, was Sie in Büchern finden, vielleicht fremdartig oder fern vor, vielleicht kann es Sie nicht wirklich für Wicca begeistern. Vielleicht haben Sie so viele offene Fragen zu bestimmten Wicca-Bräuchen, dass Ihnen kein konsistentes Ritual gelingt.

Oder Sie spüren in sich ein kreatives Potenzial, das nach einem Ventil sucht. Die Gestaltung einer neuen Wicca-Form ist ein kreativer Prozess, sollte aber doch mit einer gewissen Ordnung vonstatten gehen.

## Wie beginnen?

Nehmen Sie sich also einen Stift und ein paar Blätter Papier. Schreiben Sie oben auf der ersten Seite in Großbuchstaben:

GOTTHEITEN

Auf der zweiten schreiben Sie:

RITUALGEGENSTÄNDE, ALTÄRE, KLEIDUNG, SCHMUCK

Auf der dritten:

RITUALE

Auf der vierten:

GLAUBENSSÄTZE

Auf der fünften:

REGELN

Auf der sechsten:

SYMBOLE UND RUNEN

Auf der siebten:

BUCH DER SCHATTEN

Auf diesen Seiten können Sie sich schnelle Notizen machen, während Sie die folgenden Kapitel lesen. Später werden Sie wahrscheinlich mehr Raum für Ihre Gedanken und Notizen zu jedem Thema brauchen, aber für den Anfang ist es genug. (Wenn Sie jetzt schon einen Computer oder eine Schreibmaschine verwenden, wird das Ihren Fortschritt eher verzögern.)

Wichtig ist einfach, Ihre Gedanken in Worte zu fassen. Diese werden sich dann am Ende zu Ritualen, Glaubenssätzen, Regeln und anderem entwickeln. Eine Wicca-Form ist nichts Nebulöses oder Ätherisches. Sie besitzt ihre konkreten Einzelheiten, und diese Einzelheiten müssen fixiert werden.

Trotzdem ist Wicca kein spiritueller Freibrief. Eine echte Wicca-Form muss auf Wicca-Grundsätzen beruhen. Zwar gibt es viel Raum für persönliche Vorlieben, aber wesentliche Wicca-Elemente dürfen nicht verloren gehen. Darauf werde ich deutlich hinweisen.

In den folgenden Kapiteln erforschen wir also, wie wir eine neue Wicca-Form entwerfen. Bedienen Sie sich ihrer, wenn sie Ihnen gefällt! Aber Sie können es gerne auch lassen, wenn Sie kein Bedürfnis verspüren, einen neuen Weg zu beschreiten.

Die Erschaffung einer eigenen Wicca-Linie ist eine spannende Herausforderung. Sie bestimmen dabei nicht nur Ihre eigene spirituelle Ausdrucksfähigkeit, sondern auch das Wesen Ihrer Spiritualität. Insofern ist dies auch eine Reise zur Entdeckung des eigenen Selbst.

## *Kapitel 14*
## *Unser Begriff von den Gottheiten*

Ohne Gottheiten gäbe es überhaupt keine Religionen. Wie definieren Sie selbst die Begriffe des Göttlichen in Ihrer Tradition? Alle Wiccas haben ihre eigenen Vorstellungen von der Göttin und dem Gott entwickelt, und zwar durch persönliche Erfahrung und Begegnung mit Ihnen, aber auch durch Lesen und Studieren. Natürlich bilden solche Vorstellungen die Grundlage für Ihre Neu-Schaffungen. Auch Forschung ist hilfreich (siehe die entsprechenden Lektüre-Hinweise). Wie Sie Ihr Bild von den Gottheiten gestalten, ist überaus wichtig.

### Die Göttin und der Gott

Anbetung ist der Kern jeder Religion, festigen Sie also Ihre Vorstellungen von Göttin und Gott.

Bis vor kurzem gab es in der Wicca-Religion nur wenig Wissen über Göttin und Gott. Wir bezogen, so viel wir konnten, von den wenigen Mythen, die wir kannten, aus mündlichen Lehren, persönlicher Erfahrung und den Hinweisen anderer Wiccas. Aber ansonsten hatten wir nicht viel, wovon wir zehren konnten. Heute verfügen wir über viel größere Schätze: Neue Forschungen, die von einem Interesse an der Göttin-Verehrung und an vorchristlichen Religionen im Allgemeinen getragen werden, haben viel neues Wissen zutage gefördert. Darauf können wir uns auch als Wiccas stützen.

## Die Göttin

Die Göttin ist wahrlich Eins und Alles. Sie verfügt über alle Macht, alle Weisheit, alle Liebe, alle Fruchtbarkeit und Kreativität. Sie umfasst sowohl die nährenden und aufbauenden als auch die destruktiven Kräfte. Sie ist es, die unser Universum schuf und unser Leben gestaltet.

Das kann also unser Göttin-Begriff sein: Sie, die Eins und Alles ist. Trotzdem brauchen Sie wahrscheinlich Symbole und Manifestationen Ihres Seins, um mit Ihr in Kontakt zu treten. Mit anderen Worten: Sie müssen Ihre private »Telefon-Nummer« herausfinden, Ihr persönliches Bild von Ihr entwerfen, um auf rituelle Weise mit Ihr verkehren zu können.

Im Folgenden finden Sie eine Liste von einigen Eigenschaften der Göttin. Es sind alles nur Aspekte des Einen Wesens, der Göttin, und die Liste ist keineswegs vollständig.

- Göttin des Weltraums, der Sterne, der Milchstraßen, des Universums.
- Göttin des Mondes, des zunehmenden, vollen und abnehmenden Mondes.
- Göttin der Erde, der Pflanzen und ihrer Fruchtbarkeit; der Tiere; der Stürme, Erdbeben und Vulkane; des gnädigen Regens, der Brunnen, Flüsse, Seen, Meere und Ozeane.
- Göttin der Jugend, der Erneuerung, der Verheißung und der Möglichkeiten.
- Göttin der Geburt, der Mütter und der Mütterlichkeit.
- Göttin der Liebe, der Schönheit und des Mitgefühls.
- Göttin der Heilung.
- Göttin der Prophezeiung.
- Göttin der Magie.
- Göttin der Weisheit.
- Göttin der Macht.
- Göttin der Zerstörung, der Vergeltung und des Krieges.

Mir ist bewusst, dass es viele andere Göttin-Typen gibt. Aber ich beschränke mich hier auf die Aspekte, die gegenwärtig in der Wicca-Lehre vorkommen. Das »Heidnische« ist nicht gleichbedeutend mit »Wicca«-Zugehörigkeit.

Auch ist eine Göttin des Weltraums nicht typisch für Wicca. Zwei weitere Aspekte müssen jedoch betont werden: Göttin des Mondes und der Erde. Denn die meisten Wicca-Ideen über die Göttin beruhen auf den vielen möglichen Verbindungen zwischen diesen beiden Motiven. So ist die Göttin zwar mit allem verbunden, aber Ihre eigentlichen Symbole sind Mond und Erde. Alles, was auf der Erde lebt und aus Erde besteht, gehört zu Ihrem Reich.

Die meisten Wiccas sehen die Wirkungen der Göttin auch in der Geburt, in der Heilkunst und Liebe. Sie gilt auch als Spenderin von Weisheit und magischer Energie in Zeiten der Not.

Beliebt ist auch die Gleichsetzung der Göttin mit den Mondphasen. Sie ist die »Dreifache Göttin«: Als »Jungfrau« wird sie mit dem Sichelmond, mit Jugend und Frische assoziiert, als »Mutter« mit dem Vollmond, mit Geburt und Mütterlichkeit, als »Greisin« oder »Alte Weise« mit dem abnehmenden oder dem dunklen Mond. Hier gilt Sie als Quelle aller Weisheit, Prophezeiung und Magie, aber sie bringt auch Vergeltung und Zerstörung. Diese drei Aspekte spiegeln auch die Lebensphasen der Frau wider. Deshalb ist die »Dreifache Göttin« bei Frauen auch außerhalb der eigentlichen Wicca-Tradition sehr beliebt. Manche Wiccas wiederum glauben, dass dies der einzige Göttin-Begriff ist, der jemals existiert hat. Das ist jedoch mit Sicherheit nicht der Fall.

Die meisten Wiccas geben zu, dass die Göttin auch eine dunkle Seite beinhaltet: Dies geht schon aus der Natur selbst hervor: Man denkt an Stürme und Erdbeben. Aber wir haben beschlossen, uns nicht auf diese Aspekte zu konzentrieren und Sie niemals zu solchen Zwecken anzurufen. Wirklich! Das Letzte, was wir brauchen, ist noch mehr Zerstörung und Gewalt in der Welt. Wenn Sie das wirklich will, dann ist das so. Aber wir Menschen sollten uns da nicht einmischen.

In unserer Wicca-Praxis konzentrieren wir uns auf die erhebenderen Aspekte der Göttin. Ansonsten würden wir ja Leiden und Verzweiflung heraufbeschwören. Wenn unsere Religion uns spirituelle Erholung, Hoffnung und Liebe schenken soll, so denken wir an die Göttin besser als ein Wesen voller Liebe, Mitgefühl, Unterstützung und Wunderkraft. In dieser Gestalt möchte ich Sie verehren, und nicht unbedingt als Kriegerkönigin. Denn ich bin kein Krieger, schließlich haben wir schon zu viele Kriege gehabt, und habe keinen Wunsch, indirekt irgendwelche weiteren bewaffneten Auseinandersetzungen zu fördern.

Hier werden mir vielleicht viele widersprechen, besonders wenn sie außerhalb der eigentlichen Wicca-Religion praktizieren. Ja, ich gebe zu, dass eine Zeit kommen könnte, in der wir die »Herrin der Gerechtigkeit« anrufen müssen, aber dieser Kult kann entmutigend, ja sogar gefährlich werden. Nur wer wirklich von der eigenen Unschuld überzeugt ist, sollte es wagen, diesen Aspekt der Göttin zu beschwören. Denn Sie wird Gerechtigkeit gegen den oder die ÜbeltäterIn walten lassen, auch wenn er oder sie zu Ihren Gläubigen gehören.

Ein weiterer Aspekt, der in meiner Liste fehlt, ist die »Schicksalsgöttin«. Wiccas beschwören Sie selten in dieser Gestalt, weil wir ja nicht an Vorherbestimmung glauben. Wenn wir es täten, würden wir keine Magie praktizieren, um unser Leben zu verändern, da es ja nicht wirken würde. Aber manche Wiccas vertreten den Standpunkt, dass die Göttin vielleicht wirklich Pläne für uns hat: Vielleicht erzeugt Sie Situationen für uns, die uns sanft daran erinnern, was wir noch zu lernen haben, oder die uns unter Druck setzen, damit wir zu richtigen Entscheidungen kommen. In diesem Sinne könnte die Göttin tatsächlich als »Göttin des Schicksals« verstanden werden, aber sicher nicht im normalen Wortsinn. Wir erfüllen nicht den Willen der Göttin, denn Sie gibt uns immer mehrere Optionen und erlaubt uns, auf die Nase zu fallen, wenn wir die falsche gewählt haben.

Als Göttin der Heilung, der Liebe, der Schönheit, des Mitgefühls und der Prophezeiung wird Sie von fast allen Wiccas verehrt. Manchen betonen diese Eigenschaften, und zwar vor allem dann, wenn sie diese Eigenschaften brauchen. Aber Sie ist immer die Göttin der Liebe und Fürsorge, und Heilrituale, die in Ihrem Namen stattfinden, werden Ihren Segen erlangen.

Als nächstes möchte ich die Vielzahl der Gestalten zeigen, in denen die Göttin sich manifestiert. Vielleicht haben Sie Ihre Erscheinung schon in Meditationen, Träumen und Ritualen gesehen. Wenn ja, erinnern Sie sich, wie Sie aussah. Sie ist die »Eine in Tausend Gestalten«. Aber die Gestalt, in der Sie Ihnen erschien, ist wertvoll, um auch später mit Ihr in Kontakt zu treten.

Wenn Sie noch keine Erscheinung der Göttin erlebt haben – und bei vielen Wiccas ist dies der Fall – so brauchen Sie nicht zu verzweifeln. Warten Sie, entwickeln Sie Ihr eigenes Göttin-Bild, folgen Sie dabei Ihren Gefühlen, Intuitionen und Wahrnehmungen. Und vielleicht hilft Sie Ihnen dabei im Geheimen.

Wiccas sehen Sie in ganz verschiedenen Gestalten:

»Ich sehe die Göttin als rundliche, erdhafte, göttliche Frau mit weizengelben Haaren, meerblauen Augen und einer Haut, die so dunkel ist wie fruchtbare schwarze Erde. Sie ist nackt, steht unter einem Baum, hält Blumen in Ihren ausgestreckten Händen und lächelt.«

»Ich sehe die Göttin als Mondgestalt am Himmel. Ihre Haut ist milchweiß wie von Mondlicht überflossen. Sie trägt ein weißes, durchsichtiges Kleid, das Ihren Körper durchscheinen lässt, der sich mit den Mondphasen verwandelt. Um Ihren Hals windet sich ein Halsband aus Perlen und Mondsteinen, auf Ihrer Stirn ruht ein liegender Halbmond. Ihr Haar ist weiß, silbern oder blond. In Ihren Händen wiegt Sie den Mond.«

»Ich sehe die Göttin in Gestalt meiner verstorbenen Großmutter. Sie ist in altmodische Kleider gehüllt, die Sie selbst genäht hat, sitzt auf einem Schaukelstuhl in einem Haus ohne Mauern und Wände und blickt in ein Feuer aus Weidenzweigen. Sie stickt bedächtig ein Sternen-Muster auf ein dunkelblaues Tuch und offenbart mir alle Geheimnisse, während ich zu Ihren Füßen auf einem abgewetzten Teppich sitze. Sie ist die weise alte Frau, die Greisin.«

Dies alles sind höchst persönliche Visionen von der Göttin. Keine davon ist falsch. Erscheinungen dieser Art und viele andere werden in der Wicca-Religion prinzipiell akzeptiert.

Manche Göttin-Erscheinungen lehnen sich enger an die Traditionen anderer Kulturen an: »Ich sehe die Göttin als Athene mit dem Jagdspeer.« »Ich sehe die Göttin als Großmutter Spinne.« »Als Diana.« »Als Isis.« »Als Hekate.« Photographien von Göttin-Statuen und anderen Göttin-Darstellungen können Sie in Büchern finden.

Auch hier kann es wieder reichen, wenn Sie Ihre Anwesenheit spüren. Wenn Sie sich bereits ein Bild von der Göttin gemacht haben, mit anderen Worten, wenn die Göttin Ihnen Ihre Gestalt geoffenbart hat – wunderbar. Wenn nicht, dann haben Sie vielleicht den Wunsch, Ihre Gestalt durch Rituale, Gebete und vielleicht auch Träume zu erkennen.

Eine Warnung möchte ich aussprechen: Wenn Sie bereits ein klares Bild von der Göttin entwickelt und Ihre Aspekte für sich bestimmt haben, so lassen Sie sich nicht durch andere Informationen beirren. Halten Sie an dem fest, was Sie entdecken; es ist von höchstem Wert.

Ein weiterer Aspekt Ihrer persönlichen Vorstellung von der Göttin sind Symbole. Sie gehören direkt oder indirekt zu Ihrem Göttinbild und können auch bei Ihren religiösen Ritualen eine Rolle spielen.

Dies hängt teilweise von Ihrem Verständnis der Göttin ab. Wenn Sie vor allem mit dem Mond assoziiert ist, so kann Sie nicht durch Attribute der Erde vertreten werden. Im Folgenden finden Sie Symbole für die jeweiligen Aspekte der Göttin, die in Ritualen, Gedichten, Gesängen und Beschwörungen auftauchen können:

- Göttin des Weltraums: Dunkelheit, schwarze Tücher, Sterne, die Nacht, die Leere, der Kessel, Nachtblumen, Eulen.
- Göttin des Mondes: Sichelmonde, Perlen, Mondsteine, Spiegel, Silber, die Doppelaxt.
- Göttin der Erde: Früchte, Pflanzen, vor allem Getreide, Dünger, Kornpuppen, Katzen, Delfine, Löwen, Pferde, Hunde, Bienen, reines Wasser, Muscheln vom Strand, Kelche, Schalen, Kessel, Smaragde.
- Göttin der Jugend, der Erneuerung, Verheißung und Chancen: Ungepflügte Felder, Eier, der Frühling, der gerade erst erschienene Sichelmond.
- Göttin der Geburt, der Mütter und der Mütterlichkeit: Vollmond, Steine mit Löchern, runde oder ovale Gegenstände, ein Säugling.
- Göttin der Liebe, der Schönheit, des Mitgefühls: Spiegel, Herzen, Blumen, Honig.
- Göttin der Heilung: Reinigende Gewässer, Hände, aus denen Energie strömt.
- Göttin der Prophezeiung: Bergkristalle, mediale Empfänglichkeit, Höhlen, Nacktheit, stille Teiche.
- Göttin der Magie: Alle magischen Ritualgegenstände, Schwert, Athame, Spindel, Feuer, Kessel.
- Göttin der Weisheit: Feuer, Bücher, Eulen, der abnehmende Mond.
- Göttin des Krieges, der Vergeltung, der Zerstörung: Nicht empfehlenswert.

Solche Symbole müssen nicht unbedingt in Ritualen verwendet werden, können aber in rituellen Beschwörungen vorkommen. Ihre bloße Nennung stellt sofort die Verbindung mit der Göttin her.

Es gibt natürlich noch viele weitere Symbole und Ritualgegenstände, die mit der Göttin im Allgemeinen und mit Ihren einzelnen Aspekten assoziiert werden.

## Der Gott

Der Gott ist den meisten Wiccas ebenfalls ans Herz gewachsen, denn ohne Ihn wäre unsere Welt kalt und jeglicher Fruchtbarkeit beraubt, sie wäre leblos. Die meisten von uns reagieren auf Ihn weniger emotional als auf die Göttin, trotzdem wird er in Notzeiten angebetet – vor allem, wenn es um Schutz geht. Im Folgenden also einige Eigenschaften des Gottes, wie er im Wicca-Denken vorkommt:

- Gott der Sonne.
- Gott der menschlichen Fruchtbarkeit, und damit auch der Sexualität.
- Gott der Erde, der Wildtiere, der Feldfrüchte, der Wüsten, Ebenen und Täler.
- Gott des Sommers.
- Gott der Jagd.
- Gott des Todes und der Wiedergeburt.
- Gott der Vergeltung, des Krieges und des Streits.

Diese Liste fasst also in etwa die Eigenschaften des Gottes im Wicca-Denken zusammen. Er hat offensichtlich weniger verschiedene Aspekte als die Göttin. Natürlich gibt es noch viele andere Eigenschaften: Gott als Erfinder von Werkzeugen, als Schiedsrichter in Wettbewerben usw., die bei uns nicht vorkommen. Und daraus hat sich ein Mangel an Gottes-Bildern im Mythenschatz der Wicca-Religion ergeben.

Einige Autoren haben versucht, diese Nische durch die Rituale für den »Eichenkönig« und den »Efeukönig« zu füllen. Dieses Motiv ist inzwischen sehr gebräuchlich, zumindest bei öffentlichen Ritualen und auch bei einigen allein praktizierenden Wiccas. Ich selbst weiß darüber nur wenig und empfehle deshalb das Buch der Farrars (siehe Lektüre-Liste).

Um es ganz klar zu sagen: Die Göttin hat einfach ein liebevolleres, verständnisvolleres und fürsorglicheres Image als der Gott. Dieser wirkt ziemlich unerreichbar – was nicht Seine Schuld ist. Nur formalisierte Rituale und Gebete können offenbar zu Ihm durchdringen. Natürlich ist dies eine rein menschliche Vorstellung von Wiccas, die allerdings den Mangel an Informationen über Ihn erklärt.

Einer der Gründe für dieses Problem ist leicht zu erkennen. Vielen frischgebackenen Wiccas fällt es schwer, sich dem Gott zu nähern. Denn das ganze Leben lang wurde ihnen gepredigt, dass es nur Einen Gott gibt. Und der ist eifersüchtig und zornig und prophezeit uns, dass wir alle nach dem Tod in einem Reich der Dunkelheit und des Leidens enden werden. Lebhafte Abbilder Seines Zornes haben sich schon im frühesten Alter fest im Bewusstsein von Kindern eingeprägt, und für manche dieser Personen, die inzwischen erwachsen sind und der Wicca-Religion beigetreten sind, kann es noch immer schwierig sein, diese Überreste eines alten Gottesbegriffs mental zu entsorgen.

Außerdem wollen manche Feministinnen ihre Verehrung einzig und allein auf die Göttin richten. Viele von ihnen haben einfach genug von irgendwelchen Begriffen männlicher Spiritualität und möchten ihnen in der Wicca-Religion nicht von neuem begegnen. Für sie ist die Verehrung der Göttin vollkommen erfüllend. Die einzige Schwierigkeit taucht auf, wenn sie versuchen, Rituale, die für das göttliche Paar gedacht sind, auf die Göttin allein zuzuschneidern.

Die Reputation des Gottes wurde durch zweitausend Jahre patriarchalischer Übertreibung schwer beschädigt, denn das Christentum ist weit von dem Weg abgewichen, den Jesus angeblich einst predigte. Religiöse Institutionen haben die männliche Göttlichkeit zu einem zornigen Wesen gemacht, dessen Anhänger ganze Zivilisationen auslöschten und Hunderte von Kulturen zerstörten. Dies war ein

Gott, in dessen Namen Millionen von Menschen in heiligen Kriegen getötet wurden, ein Gott, dessen Vertreter immer wieder behaupteten, dass es keine weibliche Gottheit gibt und dass Frauen keinen Zugang zu Gott hätten und nicht Priesterinnen werden dürften. Diese männliche Gottheit herrschte über eine androzentrische Welt, in der Männer seit langem die Religion als Legitimation verwendeten, um Frauen zu beherrschen, zu unterdrücken und zu beschimpfen.

In dieser langen, bitteren und unverzeihlich gewalttätigen Phase in der kurzen Geschichte unserer Spezies erhielt die männliche Gottheit ein negatives und angsteinflößendes Antlitz. Wir kennen ihn nur als Gott der Rache und des Krieges. Natürlich ist dieser Gott zu seinen eigenen Anhängern freundlicher, aber alle, die außer Ihm noch etwas anderes verehren, sind dazu verdammt, die Ewigkeit in einem Loch voll Feuer und Folterqualen zu verbringen, ohne auf ein anderes Leben oder ein Entkommen hoffen zu dürfen.

Insofern überrascht es nicht, dass viele neue Wiccas mit dem Begriff des Gottes in der Wicca-Religion nicht so viel anfangen können, jedenfalls wenn sie gerade erst damit beginnen. Für Frauen ist es besonders schwierig. Sie sind erst einmal freudig überrascht, eine Religion gefunden zu haben, die Frauen akzeptiert, ihre innere Stärke und spirituelle Kraft anerkennt, die ihnen erlaubt, Rituale zu leiten, und die – so unglaublich es ist – tatsächlich eine Göttin verehrt. Und dann gelingt es ihnen nicht so recht, auch den Gott in ihre Rituale zu integrieren. Es kann schon schwierig sein, zwanzig, dreißig oder vierzig Jahre einer negativen Gottes-Begrifflichkeit hinter sich zu lassen.

Manche von ihnen finden sich schließlich damit zurecht und verehren Göttin und Gott zusammen in ihren Ritualen. Andere entscheiden sich dafür, nur die Göttin anzubeten. Das sind persönliche Entscheidungen, und dennoch wiederhole ich: Die Wicca-Religion besteht aus der Verehrung der Göttin *und* des Gottes.

Im Laufe der Jahre konnte ich beobachten, dass Menschen, die ohne religiöse Vergangenheit zu uns kamen, weit weniger Probleme hatten, den männlichen Gott in ihre Rituale aufzunehmen. Aber es gab auch solche, die aus einem konventionellen religiösen Hintergrund stammten und trotzdem keine Schwierigkeiten mit dem Begriff des Gottes hatten.

Jedenfalls beinhaltet die althergebrachte Wicca-Lehre die Verehrung beider Gottheiten. Und das legt nahe, den Gott neu zu entdecken und mit weitem Bewusstsein Seine Gegenwart und Seine Eigenschaften zu erspüren. Dazu im Folgenden einige Ideen:

Sehen Sie Gott als Frauenhasser? Betrachten Sie Ihn stattdessen als ein Wesen, das die Göttin in Ihre Arme genommen hat! Halten Sie sich vor Augen, dass Tausende von Priesterinnen Ihm Tag für Tag ihre Verehrung erweisen! Fordern Sie Ihn auf, die Rechte der Frauen zu unterstützen! Fragen Sie sich, wie irgendeine echte Gottheit Ihre eigenen Kinder hassen kann.

Sehen Sie Gott als todbringendes Wesen? Vergessen Sie nicht, dass der Tod in gewisser Weise notwendig ist. Und außerdem bringt uns die Göttin die Wiedergeburt.

Sehen Sie den Gott als Kriegstreiber? Sie sollten wissen, dass viele Männer einfach nur Seine dunkle Seite zu diesem Zweck genutzt haben. Zudem hat der Krieg nur selten wirklich mit Religion zu tun. Seine Hauptmotive sind Politik und Geld. Religion wird nur zur Legitimation angeführt.

Sehen Sie den Gott als Richter, als jemanden, der Menschenseelen in die Hölle hinabstürzt? Nun, Wiccas akzeptieren den Begriff der Hölle ohnehin nicht. Niemand kann uns irgendwohin werfen, und der Gott liebt uns bedingungslos.

Sehen Sie den Gott als schrecklichen, unerbittlichen Geist, der über der Erde lastet? Sehen Sie Ihn stattdessen in den Gesichtern Ihrer jungen Freunde und in den Augen von kleinen Jungen. Sehen Sie Ihn in frisch gebackenem Brot, in Weinreben, in aufragenden, schneebedeckten Bergen, in der Sonne, die die Erde wärmt und unsere Nahrung und überhaupt alles bietet, was wir zum Leben brauchen.

Ich hoffe, dass diese Ideen all jenen ein wenig helfen können, denen es schwer fällt, mit Gott in Verbindung zu treten. Dies ist ein großes Problem und auch einer der Gründe, weshalb heute die Göttin-Spiritualität so sehr überwiegt. Im Laufe der Jahrhunderte haben Männer einen sanften Fruchtbarkeits-Gott zu einem blutdürstigen Monster gemacht. Löschen Sie solche Bilder und konzentrieren Sie sich auf die anderen Aspekte Gottes.

Vielleicht haben Sie nicht nur die Göttin in Visionen gesehen, vielleicht ist Ihnen auch der Gott schon in Visionen, Träumen oder in der Meditation erschienen. Vielleicht hat er sich im Weihrauch bemerkbar gemacht, den Sie während eines Ritual verbrannten. Wenn nicht, dann wird Er Ihnen vielleicht bald erscheinen.

Im Folgenden einige Wicca-Visualisierungen des Gottes:

»Er steht nackt auf einem Berg. Seine Haut glänzt rötlichbraun im Sonnenlicht. Sein Haar ist lang und schwarz, und kein Rasiermesser hat jemals Sein Kinn oder Seine Wangen berührt. Er hält ein goldschimmerndes Messer. Zu seinen Füßen sind Berge von Korn und Gemüse aufgehäuft.«

»Er ist in ein grobes, braunes Gewand gehüllt und hält in der einen Hand ein Kind, die andere Hand liegt in der Hand einer alten Frau. In Seinen Bart sind getrocknete Blüten – Symbole einer Fruchtbarkeit, die auch ihr Ende hat – eingeflochten. Er steht zwischen Licht und Dunkelheit.«

»Der Gott ist in Pelze gekleidet, geht aber barfuß. Ich sehen Ihn zwischen Bäumen im Wald stehen, er trägt Hörner auf dem Kopf, und ein Hirsch nähert sich ihm. Er hat einen Bogen über die Schulter gelegt und hält einen Speer in der Hand. Der aggressive Ausdruck Seines Gesichtes wird durch Seinen fürsorglichen Blick gemildert.«

Auch der Gott kann uns als Gestalt aus anderen Kultursphären begegnen: »Ich sehe Ihn als Pan.« »Der Gott erscheint mir als Großvater.« »Als Belinus.« »Osiris.« »Apollo.«

Und dann gibt es natürlich auch Wicca-Symbole in Ritual und Poesie, um den Gott zu vertreten. Sie können es sich schon denken: Es sind wesentlich weniger als bei der Göttin:

- Gott der Sonne: Sonne, Gold, Messing, Freudenfeuer, Kerzen.
- Gott der menschlichen Fruchtbarkeit: Eicheln, Fichtenzapfen, Zauberstäbe.
- Gott der Erde: Korn, Steine, Täler, Samen, Wälder, Stiere, Schlangen, Fische, Wölfe, Adler, Eidechsen.
- Gott des Sommers: Loderndes Feuer, Tageslicht, Süden.
- Gott der Jagd: Hörner, Speere, Köcher, Pfeile und Bögen.
- Gott des Todes und der Wiedergeburt: Sonnenuntergang, Winter, Granatäpfel, trockene Blätter, Sicheln, Nacht, Westen.
- Gott der Vergeltung, des Krieges, des Streits: Diese Eigenschaft sollten Sie besser nicht anrufen.

Um es zusammenzufassen: Der Gott ist ebenso sehr Teil des heutigen Heidentums wie die Göttin. Solange Sie sich nicht auf Seine furchteinflößenden Eigenschaften konzentrieren, ist er auch nicht furchteinflößend. (Was auch für die Göttin zutrifft.) Er kann durchaus der Inbegriff von Mitgefühl, Fürsorglichkeit, unterstützender Männlichkeit sein, aber in dieser Gestalt können nur Sie Ihn entdecken.

## Zusammenfassung

Ich habe das ungemütliche Gefühl, dass manche von Ihnen streiken, wenn ich davon spreche, Göttin oder Gott zu »sehen«. Nehmen Sie das nicht zu wörtlich! Mit »Sehen« meine ich nicht, dass wir im vollen Wachbewusstsein aufblicken und den Gott physisch vor uns im Zimmer stehen sehen. Erscheinungen dieser Intensität sind so selten, dass wir darauf gar nicht zu warten brauchen.

Leichter ist es, Göttin und Gott in einem veränderten Bewusstseinszustand zu sehen. Wenn wir innerhalb des magischen Kreises in ritueller Trance sind, ist es viel wahrscheinlicher, Sie oder Ihn zu sehen. Auch in Träumen und Meditationen können Sie uns erscheinen, wie ich bereits sagte.

Ich selbst habe die Göttin zum ersten Mal in einem magischen Kreis gesehen. Ich saß vor dem Altar und meditierte über Sie. Es kann also geschehen, aber nicht unbedingt mit dem physischen Auge. Außerdem können Ihre Erscheinungsformen für uns ganz anders sein als bei anderen, denen Sie erschienen sind.

# Kapitel 15
# Ritualgegenstände, Altäre, Roben und ritueller Schmuck

## Magische Ritualgegenstände

Die meisten Wicca-Traditionen verwenden dieselben magischen Ritualgegenstände, nur wenige von ihnen haben noch einige mehr davon. Das ist also eine feste Vorgabe, und insofern brauchen Sie nicht stundenlang darüber nachdenken, ob oder welche Sie hinzunehmen. Dafür können Sie aber die genaue Form dieser Geräte, ihre Symbolik und ihre rituelle Verwendung bestimmen.

Sie erinnern sich?

- Darstellungen der Göttin und des Gottes:
  Sie werden meistens auf den Altar gestellt. Es gibt eine große Variationsbreite davon. Einige Wiccas verwenden einfach nur Kerzen, andere Gegenstände aus der Natur, um die Gottheiten darzustellen. Wieder andere nehmen lieber handgefertigte Statuen oder Zeichnungen. Es gibt heute auch echten Ton, der auch in einem normalen Ofen gebrannt werden kann und dann hart bleibt. Sie können ihn verwenden, um Ihre eigenen Ideen von Göttin und Gott zu verwirklichen. Gute Vorlagen dafür können Sie z. B. in archäologischen Büchern finden.
- Das Buch der Schatten:
  Dieses handgeschriebene Buch enthält den Kern jedweder Wicca-Tradition: Riten, Regeln, magischen Techniken und andere Einzelheiten (siehe Kapitel 21).

- Athame:
  Das Messer mit dem schwarzen Griff. Verwendet, um beim Ziehen des magischen Kreises die Energien zu lenken.
- Das Weihrauchgefäß:
  In ihm werden Weihrauch oder Kräuter verbrannt, um die Gegenwart der Göttin und des Gottes zu beschwören und den rituellen Raum zu reinigen. Außerdem wird auch eine kleine Dose, Schale oder Flasche für die Aufbewahrung des Weihrauchs verwendet.
- Der Kelch oder Becher:
  In ihm wird Wein, Wasser oder andere Flüssigkeiten während des Rituals aufbewahrt.
- Salz:
  Salz eignet sich zum Ziehen des magischen Kreises, zur Weihe von Geräten und zu anderen Zwecken.
- Wasser:
  Mit Wasser wird der magische Kreis gereinigt.
- Pentakel:
  Dies ist eine flache Scheibe oder ein Teller, auf dem (u. a.) das Symbol des fünfzackigen Sterns eingezeichnet ist.
- Der Zauberstab:
  Dieses traditionelle Utensil wird meist zur Mobilisierung von Energie oder zur Einladung von Geistwesen in den magischen Raum verwendet.

Diese Ritualgegenstände habe ich noch einmal hier aufgelistet, weil sie ein integraler Teil der Wicca-Religion sind, und jede einzelne Traditions-Linie möglichst alle von ihnen verwenden sollte. Warum? Weil sie zu den äußeren Aspekten gehören, mit deren Hilfe wir unsere Religion definieren. Würden Sie eine magisch-rituelle Form kreieren, die keinen dieser Ritualgegenstände verwendet, dann wäre es keine Wicca-Form. Verwenden Sie sie also, es sei denn, Sie wollen sich auf einen ganz neuen Weg machen.

Natürlich können Sie auch noch andere, weniger gebräuchliche Ritualgegenstände in Ihren Ablauf einfügen:

- Der Kessel:
  Manche Wiccas verwenden einen Kessel als Symbol für die Göttin, manchmal als Mittelpunkt religiöser Riten. In ihm kann auch ein Feuer entzündet werden.
- Die Glocke:
  An bestimmten Punkten im Ritual können Glocken geläutet werden.
- Der Besen:
  Meine erste Lehrerin reinigte immer den Ort des Rituals mit einem Besen.
- Schnüre:
  Sie sind vor allem in Initiations-Gruppen wichtig. Dort symbolisieren Schnüre das Band der Liebe und Verantwortlichkeit unter den Mitgliedern. Auch bei manchen Initiations-Riten spielen Schnüre eine Rolle. Auch allein Praktizierende können sie verwenden, aber natürlich brauchen sie nicht ständig auf dem Altar zu liegen. Sie eignen sich hauptsächlich für Rituale im Coven.
- Das Altartuch:
  Einige Wicca-Traditionen schreiben eine bestimmte Farbe für das Altartuch vor. Man kann auch Muster wie z. B. Pentagramme darauf sticken oder malen. Viele Traditionen lehnen das jedoch ab. Meine erste Lehrerin nahm für Vollmond-Rituale ein weißes Altartuch.

Die Liste der Requisiten kann noch erweitert werden: Flaschen mit Ritual-Öl, Kerzenlöscher, Löffel für den Weihrauch oder Schwerter fallen mir ein. Auch weitere Gegenstände sind von Zeit zu Zeit möglich: Blumen oder Grünpflanzen der Saison, Skizzen, Runen oder Fotografien für magische Zwecke.

Verlassen Sie sich bei der Auswahl der Ritualgegenstände immer auf Ihr eigenes Gefühl. Manche Quellen sagen, dass das Athame zweischneidig sein soll, andere das Gegenteil; die einen sagen, es müsse so scharf sein wie ein Rasiermesser, anderen zufolge darf es auch stumpf sein. Sie müssen entscheiden, was für Sie passt. Treffen Sie Ihre Wahl und bleiben Sie dabei.

Was immer Sie bestimmen, sollten Sie gleich notieren und dann in Ihr Schattenbuch eintragen (siehe Kapitel 21). Das könnte etwa so lauten: »Athame: Ein zweischneidiges Messer mit schwarzem Griff zur Lenkung der Energie. Es braucht nicht scharf zu sein.« Und das gehört dann zu Ihrem Ritual-Kompendium.

## Altäre

Als materielles Zentrum Ihrer religiösen Bräuche ist der Altar von größter Wichtigkeit. Aber die Meinungen über seine Bedeutung und die Art, wie er arrangiert wird, gehen weit auseinander. Dass Altäre notwendig sind, wird allerdings kaum bestritten. Auch hier gilt wieder: Der Altar ist per se keine Garantie für echte Wicca-Zugehörigkeit, und dennoch ist er ein Maßstab für sie.

Wie sehr wir auch spontane Rituale in der Natur lieben – in einem monddurchschienen Wald, vor einem Sonnenuntergang in der Wüste oder beim Ausruhen auf einer Wiese –, zur echten Wicca-Tradition gehören strukturierte Rituale, und die werden fast immer vor einem Altar vollzogen.

In vielen Büchern finden Sie Altar-Entwürfe und Muster für die Anordnung der Ritualgegenstände. Nach ihnen können Sie Ihren eigenen Altar gestalten. Es gibt viele Empfehlungen dafür:

- Der Altar ist immer rund. Der Altar ist immer quadratisch. Der Altar ist immer rechteckig. Der Altar kann jede beliebige Form haben. Das ist eine grobe Zusammenfassung der Wicca-Ideen zum Altar. Viele nehmen einen runden Tisch, um unter anderem die Göttin zu symbolisieren. Sie können selbst Ihre eigene Auswahl treffen.

- Das Bild oder das Symbol der Göttin kann auf der linken Seite des Altars platziert werden, das des Gottes rechts.
- Ritualgegenstände, die mit der Göttin assoziiert sind wie Kelche, Glocken, Sistren, Besen und Kessel werden oft auf der linken Seite platziert. Ritualgegenstände, die mit dem Gott zu tun haben, wie Schwerter, Zauberstäbe, das Messer mit dem weißen Griff, die Salzschale, das Weihrauchgefäß werden oft auf der rechten Seite ausgelegt. Andere Ritualgegenstände wie Pentakel, Weihrauchgefäß, frische Blumen oder Grünpflanzen können in der Mitte liegen.
- Wenn die vier Elemente betont werden sollen, empfiehlt sich eine vollkommen andere Art des Arrangements. Ritualgegenstände, die zur Erde gehören – Pentagramm und Salz – werden im Norden aufgestellt; Weihrauch und das Gefäß dafür als Symbole des Luftelements im Osten; eine rote Kerze für das Feuerelement im Süden; und die Wasserschale, der Kelch, der Kessel, die Glocke u. Ä. für das Wasser im Westen.
  Natürlich kann man nicht beide Muster – das für die Gottheiten und das für die Elemente – gleichzeitig verwenden.
- Kerzen stellt man meist dorthin, wo man sie nicht so leicht umstoßen kann, also in den hinteren Bereich des Altars.
- Reservieren Sie einen Platz für Ihr Schattenbuch. Wenn das nicht möglich ist, so nehmen Sie einen kleinen Ständer hinzu, auf dem Sie das Buch während des Rituals einsehen können. Natürlich sollten Sie Ihre Rituale auswendig lernen, aber uns alle kann das Gedächtnis im Stich lassen, und deshalb ist es gut, eine Erinnerungsstütze zu haben.
- Der Altar ist heilig. Nicht weil die Gottheiten in ihm Ihren Sitz hätten, sondern weil wir ihn und die Ritualgegenstände auf ihm für religiöse Zwecke verwenden. Deshalb sollten nur Gegenstände, die direkt mit Wicca und/oder magischen Gebräuchen zu tun haben und im magischen Zirkel vollzogen werden, auf dem Altar liegen.

- Wenn der Altar nach dem Ritual für andere Zwecke – also zum Beispiel als Kaffeetisch – verwendet wird, so hört er auf, ein Altar zu sein. Nur wenn er mit den Ritualgegenständen unserer Religion geschmückt ist und als Brennpunkt unserer Rituale fungiert, wird er zum Altar.

Wenn Sie diese Leitlinien beachten und die Altäre in anderen Wicca-Büchern durchsehen, dann werden Sie bestimmt die richtige Lösung für Ihre Form finden. Dann sollten Sie auch eine Zeichnung Ihres Altar-Entwurfes in Ihr Schattenbuch aufnehmen.

Achten Sie darauf, dass Sie auch die Gründe für Ihr spezifisches Arrangement durchdenken. Wenn Sie sich dafür entscheiden, das Athame unmittelbar vor das Göttin-Bild zu legen, sodass die Spitze darauf zeigt, so sollten Sie wissen, weshalb Sie das tun.

## Roben

Viele Wiccas tragen bei ihren religiösen Akten besondere Roben. Solche Kleidungsstücke werden normalerweise nur zu rituellen Anlässen getragen. Sie können einfach und schmucklos oder auch mit Symbolen und Ornamenten bestickt oder bemalt sein.

Manche Wiccas vollziehen ihre Riten nackt. Dies ist eine persönliche Entscheidung. Eine Robe mag für allein Praktizierende überflüssig scheinen. Und dennoch ist es gut, eine zu haben, wenn Sie es sich anders überlegen oder zu einem Gruppen-Ritual mit Roben eingeladen werden. Das kommt vor.

Schnittmuster für Roben können Sie in jedem beliebigen Stoffladen bekommen. Wenn Sie sie selbst schneidern, sollten Sie nur natürliche Gewebe verwenden. Polyester und andere synthetische Fasern heizen den Körper auf, sodass Sie sich im magischen Kreis unwohl fühlen. Das könnte die Verbindung mit den Gottheiten blockieren.

Auch in Hexenläden und in Versandkatalogen können Sie sich rituelle Kleidung besorgen.

## Ritueller Schmuck

Mit rituellem Schmuck meine ich nicht Ringe oder Halsbänder, die jeden Tag getragen werden, selbst wenn sie die Gottheiten symbolisieren. Hier geht es vielmehr um Schmuckstücke, die einzig und allein im magischen Kreis zu rituellen Zwecken angelegt werden.

In vielen Wicca-Traditionen gilt ein Halsband als idealer ritueller Schmuck für Frauen, da es sowohl die Reinkarnation als auch die Göttin symbolisiert. Einige Traditionen fordern dies sogar ausdrücklich.

Andere Traditionen verwenden Armreifen – meist flach und mit eingravierten Runen oder Symbolen. Das berühmte Schrägband wird meist nur von Hohepriesterinnen bestimmter Traditions-Linien getragen.

Sie können jeden beliebigen Schmuck im magischen Kreis anlegen. Oder eben ein ganz bestimmtes Stück, das Sie Ihrer eigenen Form widmen und auch im Buch der Schatten ausweisen. Zum Beispiel könnten Sie schriftlich niederlegen, dass Sie im magischen Kreis immer einen Mondstein tragen.

Sind Sie geschickt? Vielleicht wollen Sie Ihr eigenes ganz persönliches Schmuckstück herstellen – ein Perlenhalsband, einen Ring oder einen gegossenen Anhänger zum Beispiel?

Aber niemals sollte ritueller Schmuck außerhalb des magischen Kreises getragen werden. Wenn dies geschieht, verliert er seine Eigenheit und die Verbindung mit dem Ritual.

# *Kapitel 16*
# *Das Ritual entwerfen I*

Nun werden wir uns also mit dem Entwerfen von Ritualen befassen. Außer in seltenen Fällen – und das sind meist Notfälle – oder bei spontanen Anlässen sollten Wicca-Rituale folgende Punkte enthalten:

- Reinigung der eigenen Person
- Reinigung des Raumes
- Erschaffung des heiligen Raumes (einschließlich des Altars)
- Anrufung
- Rituelle Gebräuche
- Mobilisierung von Energie
- Die Energie erden
- Dank an die Gottheiten
- Auflösung des magischen Kreises

Wie Sie inzwischen wissen, sind rituelle Gebräuche nicht bei jedem einzelnen Wicca-Ritual nötig, und genauso steht es auch mit der Mobilisierung von Energie zu magischen Zwecken. Wenn es notwendig ist, kann das geschehen. Aber alle anderen Elemente des Rituals sind unverzichtbar, wenn Ihr Entwurf tatsächlich Teil der Wicca-Tradition sein soll.

Wie Sie mit diesen einzelnen Elementen umgehen, liegt natürlich an Ihnen. Im Folgenden gebe ich dazu einige Anregungen. Und natürlich können Sie auch hier wieder modifizieren, wenn die Situation eine andere ist.

- Reinigung der eigenen Person: Nehmen Sie ein Bad und/ oder salben Sie sich mit Öl.
- Reinigung des Raumes: Verspritzen Sie frisches Wasser oder putzen Sie den Altar und seine Umgebung.
- Erschaffung des heiligen Raumes (einschließlich des Altars): Stellen Sie den Altar auf, ziehen Sie einen magischen Kreis mit dem Athame, tragen Sie Salz, Weihrauchgefäß, Kerzen und Wasser umher.
- Anrufung: Beten Sie mit auswendig gelernten Anrufungen oder mit spontan gebildeten Sätzen zu den Gottheiten.
- Rituelle Gebräuche: Vollziehen Sie zur Feier von Jahresfesten und anderen Feiern Rituale, die Sie in Ihrem Schattenbuch aufgezeichnet haben.
- Mobilisierung von Energie: Das können Sie zum Beispiel zur Feier von Vollmonden tun.
- Die Energie erden: Essen Sie Kekse und trinken Sie Wein, Milch oder Wasser.
- Dank an die Gottheiten: Drücken Sie Ihre Dankbarkeit in spontanen Worten aus oder lesen Sie einen vorhandenen Text.
- Auflösung des magischen Kreises: Zerschneiden Sie den Kreis mit dem Athame, ziehen Sie die Energie ins Messer zurück und bauen Sie den Altar wieder ab.

So also könnten Sie die Grund-Elemente eines Wicca-Rituals gestalten. Sobald Sie Ihren eigenen Weg gefunden haben, sollten Sie darauf achten, dass diese Elemente sich gut aneinander anschließen, damit Sie ein fließendes Ritual erhalten.

## (Mond)-Rituale

Es gibt viele Gründe, um rituelle Feste zu feiern. Vielleicht möchten Sie gerne mit der Göttin sprechen, und das gelingt am besten in der Sicherheit des magischen Kreises.

Vielleicht haben Sie einen dringenden Anlass, etwa die Erkrankung einer Freundin, und halten deshalb ein Ritual ab, um Energie für sie zu mobilisieren.

Wie viele Wiccas wollen Sie vielleicht einfach die heitere, jenseitige Atmosphäre des magischen Kreises von neuem erleben. Auch das ist in Ordnung.

Viele Rituale sind nicht im Voraus geplant. Trotzdem folgen fast alle dem oben aufgelisteten Muster. Vollmond-Rituale sind allerdings ein wenig anders. Natürlich finden sie in den meisten Fällen an Vollmond statt. Aber wenn dies nicht möglich ist, so gelten zwei Tage vor oder nach dem genauen astronomischen Zeitpunkt als zulässig. Im Folgenden sehen Sie ein Ablaufmuster für ein Vollmond-Ritual:

- Nehmen Sie ein reinigendes Bad.
- Räuchern Sie den Raum, in dem das Ritual abgehalten werden soll, mit einer Mischung aus Sandelholz und Weihrauch. Verbrennen Sie beides auf einem Stück Räucherkohle.
- Bauen und schmücken Sie den Altar mit den üblichen Ritualgegenständen. Manche Wiccas haben leicht veränderte Altar-Arrangements für ihre Vollmond-Rituale. Andere bleiben immer bei demselben Aufbau. Zusätzliche Mond-Objekte können sein: Weiße Altartücher, silberne Gegenstände, Sichelmonde, Mondsteine, weiße Blüten und andere lunare Dinge.
- Ziehen Sie den magischen Kreis: Dies ist meist genauso wie bei den Jahresfesten.
- Bitten Sie die Göttin (und eventuell auch den Gott) um Ihre Gegenwart in Ihrem magischen Kreis.
- Die Göttin wird in einem ziemlich langen, blumigen Gesang angerufen, in dem Sie verehrt und mit dem Mond in Verbindung gebracht wird. (Aber wir beten nicht speziell zum Mond.) Diese Phase der Anrufung kann aber auch einen Gesang oder ein Instrumentalstück, einen Tanz oder sogar eine Reihe von spezifisch lunaren Gesten enthalten.

- Nach dieser Anrufung meditieren manche Wiccas dann auf den Mond selbst oder über das Göttin-Bild (aber diese Meditation kann auch später erfolgen).
- Nun kann ein Werk der Magie beginnen, um die starke Kraft des Mondes zu nutzen. Aber wir beziehen nicht Energie notwendigerweise direkt vom Mond. Ebenso, wie der Mond die Gezeiten des Meeres regiert, so bestimmt er auch die Gezeiten unserer Körper-Energie. Und bei Vollmond steigt unsere innere Energie, und deshalb können wir unseren magischen Akten zu dieser Zeit auch mehr Kraft verleihen. Frauen, deren Menstruation mit dem Vollmond zusammenfällt, können eine umso stärkere magische Macht entfalten.
- Nachdem Energie mobilisiert und zu ihrem Ziel gelenkt wurde, setzen sich Wiccas meist nieder, entspannen sich, meditieren oder beten.
- Dann erfolgt die Erdung, indem man die traditionellen halbmondförmigen Bäckereien isst und Wein, Apfelwein, Limonade oder Saft nippt.
- Schließlich danken wir der Göttin und dem Gott für Ihre Anwesenheit bei unserem Vollmond-Ritual, der magische Kreis wird aufgelöst, und die Ritualgegenstände auf dem Altar werden aufgeräumt.

Dieses Ablaufmuster kann je nach Wunsch und spirituellem Bedürfnis auf vielfältige Weise abgewandelt werden.

Formulierungen für die Anrufung kann man in verschiedenen Büchern finden, Sie brauchen nur auszuwählen, was Ihnen zusagt. Bei Vollmond sollten Sie aber nur solche nehmen, die die Göttin in Ihrem lunaren Aspekt feiern.

Vielleicht möchten Sie auch Ihre eigene Anrufung verfassen. Dies geschieht am besten in Reimform oder in einer sorgfältig konstruierten, sanft fließenden Sprache.

## Jahresfeste

Jahresfeste sind ganz anders. Wenn Sie sich darüber informiert haben, so haben Sie wahrscheinlich bemerkt, dass die Ansichten über die Bedeutung der einzelnen Festtage und der dazu passenden Rituale weit auseinander streben.

Einige Sabbat-Riten wurden sehr von einer bestimmten Kultur geprägt, andere sind allgemeiner geblieben. Einige Abläufe stehen in unmittelbarer Verbindung zu kulturell überlieferten Mythen über die Gottheiten, in anderen Traditionen findet man in Sabbat-Gebräuchen nur wenig mythisches Material.

Jedenfalls sind Jahresfeste für Gruppen bestimmt. Da Sie nicht gleichzeitig an zwei Orten im Kreis sein können, ist es schwer, Jahreszeiten-Dramen zu spielen oder auf Ihre eigenen Äußerungen im Sinne eines Wechselgesangs oder eines Zwiegesprächs zu antworten. Man würde sich dabei etwas albern vorkommen. Was tun wir also? Schreiben Sie Ihr eigenes Drama!

Dabei sollten Sie auf Folgendes achten:

Die mehr oder weniger britische bis mitteleuropäische Rahmenkultur enthält bereits die Hauptthemen der Jahresfeste. Dazu gehören: die Geburt des Gottes bzw. der Sonne zur Jul-Zeit, die Erholung der Göttin zu Imbolc, die Ankunft des Frühlings zur Ostara-Zeit, die Hochzeit von Göttin und Gott zu Beltane, der Sommerbeginn, auch »Litha« genannt, die erste Ernte oder Lughnasadh, die letzte Ernte zu Mabon und der Tod des Gottes zu Samhain.

Es gibt nur wenig andere Möglichkeiten. Sie können also Ihre eigene mythische Geschichte der Göttin und des Gottes im Verbindung mit den Jahreszeiten, der Sonne und des Mondes schreiben, aber immer im Sinne der Jahreszeiten-Jahresfeste:

- Jul: Erneuerung und Wiedergeburt im Winter.
- Imbolc: Das Lichterfest, um die Wiederkunft der Sonne zu fördern.

- Ostara: Der Frühlingsbeginn.
- Beltane: Die Wiederkehr der vollen Fruchtbarkeit.
- Litha: Große magische Kraft.
- Lughnasadh: Das Erntedankfest.
- Mabon: Ein zweites Erntefest und die Ahnung von Geheimnissen.
- Samhain: Die Ehrung der Toten und die Zeit vor Winterbeginn.

In Ihrer eigenen neuen Form sollten die Jahresfeste sich auf die tatsächlichen landwirtschaftlichen und/oder astronomischen Phänomene des jeweiligen Datums beziehen. Sie wollen ja nicht die spezifische Energie dieses Tages bzw. dieser Nacht ignorieren. Damit würden Sie jeden Grund für das jeweilige Jahresfest entwerten. Mit anderen Worten: Weichen Sie nicht zu sehr vom Weg ab. Ganz offen gesprochen: Am besten verwenden Sie die traditionellen Symbole und richten Ihre neuen Versionen danach aus.

Die Rituale der Jahresfeste bestehen aus dem gesprochenen Wort einerseits und der rituellen Handlung andererseits. Die Göttin wird zu Imbolc als Herrin der Fruchtbarkeit verehrt, zu Samhain wird der Gott verabschiedet. Dazu können auch noch Äußerungen über die innere Wandlung im Bewusstsein der Zelebrantin kommen.

Wenn Sie Ihre eigene Form für die Jahresfeste entwerfen, können Sie aus bereits veröffentlichen Abläufen schöpfen oder es mit Ihren eigenen Worten gestalten. Letzteres ist sicher besser, aber viele Sabbat-Gebete und Worte sind wirklich sehr schön. Wenn Sie sich damit wohl fühlen, wenn sie sich emotional berührt fühlen, warum sollten Sie nicht davon Gebrauch machen?

Rituelle Handlungen sind ebenso wichtig wie Worte. Im Folgenden finden Sie einige traditionell bewährte Abläufe:

- Jul: In einem Kessel wird Feuer entzündet, Kerzen werden im Kreis getragen, immergrüne Bäume oder Pflanzen werden als Symbole für die fortgesetzte Fruchtbarkeit der Erde verehrt, ein offenes Jul-Feuer kann entzündet werden, wenn dies innerhalb des Kreises möglich ist.

- Imbolc: Kerzen und Fackeln werden entzündet und im Kreis platziert. Oft werden sie auch um den Altar herumgetragen. Ein Rad wird auf dem Altar platziert. Samen werden gesegnet und in Töpfen, die mit Erde gefüllt sind, eingepflanzt, und dabei werden Göttin und Gott angerufen.
- Ostara: Innerhalb des magischen Kreises wird ein Feuer mit den entsprechenden Begleitworten entzündet – aber während des Rituals, nicht vorher.
- Beltane: Bunte Bänder werden gewebt und aufgehängt. Das soll allein Praktizierende daran erinnern, dass man in den alten Traditionen einen Maibaum aufstellte und um ihn herumtanzte. Dazu kommen Sprünge über das Frühlingsfeuer und das Blasen von Hörnern.
- Litha (Sommersonnwende): Ein Kessel wird mit Blumen umwunden oder mit frischem Wasser und Blumen gefüllt. Ein Schwert wird in den Kessel gesteckt. Man springt über das Sommernachtsfeuer oder trocknet Kräuter über ihm.
- Lughnasadh: Man isst Brot, das in die Flammen gehalten wurde, oder verwendet es auf andere Weise im Ritual. Man webt Weizenähren in Bilder der Göttin oder andere Symbole.
- Mabon: Früchte werden als Beweis für die Liebe der Göttin und des Gottes gepriesen. Blätter werden rituell mit Wasser besprengt.
- Samhain: Man blickt in eine Kerzenflamme, in Feuer oder Rauch und ruft die Toten an. Man lässt nach dem Ritual Speisen für die Toten vor der Tür stehen.

Und dann gibt es auch Symbole, Ritualgegenstände und Farben, die zu jedem Jahresfest passen. Aus ihnen können Sie auswählen, wenn Sie Ihre neue Version entwerfen:

- Jul: Die Farben sind Grün und Rot. Das Rad-Symbol (Sie können es mit einiger Fantasie aus einem Kranz oder irgendwelchen anderen reifenförmigen Objekten herstellen). Immergrüne Pflanzen. Ein Jul-Stamm. Ein kleiner Baum in einem Topf.
- Imbolc: Die Farben sind Weiß oder Weiß/Grün oder Blau. Ein Teller, der mit Schnee gefüllt ist. Immergrüne Pflanzen. Kerzen.
- Ostara: Die Farbe ist Weiß. Eine Pflanze im Topf, ein Feuer im Kessel oder ein offenes Feuer.
- Beltane: Die Farbe ist Weiß. Frische Blumen. Ein Kessel voll Blumen. Auch Spiegel passen dazu.
- Litha: Die Farbe ist Weiß. Beifuß-Kraut. Spiegel, um die Sonne oder das Licht des Feuers einzufangen.
- Lughnasadh: Die Farben sind Rot und Orange. Kornpuppen. Besonders gefertigte Brotlaibe. Getreidekörner.
- Mabon: Die Farben sind Rot und Braun. Fichtenzapfen. Eicheln. Weizen. Getrocknete Blätter.
- Samhain: Die Farben sind Rot oder Schwarz. Granatäpfel. Kürbisse. Äpfel.

Und so könnten Sie bei der Zusammenstellung Ihres Rituals vorgehen:

- Schreiben Sie den Namen jedes Jahresfestes auf ein eigenes Stück Papier.
- Machen Sie Notizen zu der Bedeutung jedes Jahresfestes.
- Entscheiden Sie, welche von diesen Einflüssen besonders wichtig sind, bzw. welche sich durch mehrere Jahresfeste ziehen.
- Beginnen Sie mit dem Jul-Fest. Lesen Sie alle Ritual-Anweisungen, die Sie nur finden können. Lassen Sie dann die einzelnen Bücher offen liegen, um die Informationen zu vergleichen. Was sind ihre gemeinsamen Themen? Welche Abläufe und Ritual-Handlungen gefallen Ihnen am besten? Schreiben Sie dann alles nieder.

- Setzen Sie diesen Prozess für jeden der noch übrigen sieben Jahresfeste fort. Natürlich werden Sie dies wahrscheinlich nicht in einer Nacht schaffen.
- Schreiben Sie auch passende Worte für jeden Sabbat heraus oder formulieren Sie Ihre eigenen. Zögern Sie nicht, veröffentlichte Anrufungen zu entlehnen – das darf man in der Wicca-Religion. Arbeiten Sie sich in derselben Reihenfolge durch die Jahresfeste hindurch und zeichnen Sie alle Formulierungen auf, die Sie für das jeweilige Fest gewählt haben. Nehmen Sie sich dafür viel Zeit, denn diese Worte können das Gerüst für Ihre eigene Wicca-Verwirklichung werden.
- Vereinen Sie schließlich die Elemente, die Sie für das Jul-Fest gesammelt haben, zu einem ansehnlichen Ritual. Schreiben Sie es ausführlich nieder – einschließlich der Symbole, der Farben (bei Altartuch, Kerzen etc.), der Worte und Ritualhandlungen.
- Wiederholen Sie diesen Prozess für alle restlichen Jahresfeste.
- Überarbeiten und vervollständigen Sie Ihre Niederschrift.
- Tragen Sie alles in Ihr Schattenbuch ein – und machen Sie sich darauf gefasst, dass Sie vielleicht weitere Korrekturen anbringen wollen.
- Im nächsten Jahr können Sie dann Ihre Rituale zum jeweiligen Datum durchführen.

Die Gestaltung von Ritualen für Jahresfeste ist ein anspruchsvoller Prozess, der Nachdenken, Forschung und Zeit erfordert. Das Ergebnis ist dann ein Zyklus von funktionierenden Ritualen, die genau auf Ihre Bedürfnisse abgestimmt sind. Und das ist nun wirklich der Mühe wert. Es ist ein wunderbarer Weg, um Ihre Hingabe und Ihr Engagement für die Wicca-Religion zu demonstrieren.

## Zusammenfassung

Folgen Sie also diesen Leitlinien, wenn Sie Ihre Jahresfeste und sonstigen Rituale gestalten. Dann bleiben Sie im Bereich der Wicca-Religion. Wenn Sie jedoch diese traditionellen Muster über Bord werfen, geraten Sie in Gebiete, die außerhalb unserer Religion liegen.

Ebenso wie eine Tuchrolle zu einer Vielzahl von Objekten verarbeitet werden kann – von Kissenbezügen über Teddybären bis zu Kleidungsstücken – so können auch Wicca-Rituale auf vielerlei Weise gestaltet werden. Aber wenn Sie aus diesem Tuch ein Hemd schneidern wollen, ohne Ärmel mitzuplanen, dann kommt dabei eben kein Hemd heraus.

Neue Wiccas müssen ihre Rituale sorgsam planen und dabei auch traditionelle Muster beachten, sonst werden sie ein untragbares Hemd bekommen. Die Wicca-Struktur ist locker und undogmatisch, aber gewisse Grundprinzipien sollten schon berücksichtigt werden.

Mit diesen Worten will ich Sie nicht erschrecken. Die Gestaltung einer neuen Wicca-Version kann schwierig sein. Sie erfordert Aufmerksamkeit fürs Detail, Fantasie und Kreativität – aber dieses kreative Denken muss in einem Wicca-Kontext stattfinden. Ansonsten setzen Sie eine neue Religion in die Welt.

## *Kapitel 17*
## *Das Ritual entwerfen II*

Es geht noch weiter, aber machen Sie sich keine Sorgen. Dieser Teil ist viel leichter als die Niederschrift Ihrer Rituale für Jahresfeste und sonstige Feiern. Hier geht es darum, einige andere, wesentlich einfachere Rituale zu gestalten.

### Der magische Kreis

Inzwischen haben Sie sicher Ihre Methode zur Schaffung des magischen Kreises entwickelt. Wenn nicht, so müssen Sie sich jetzt entscheiden. Sie sollten wissen, welche Ritualgegenstände Sie wie verwenden wollen. In der Literatur gibt es dafür viele verschiedene Anleitungen.

Ja, es wurde so viel darüber geschrieben, dass ich es hier nicht zu wiederholen brauche. Deswegen werde ich nun andere Aspekte erörtern.

Sie können also einer Anleitung zum Ziehen des magischen Kreises folgen, die Sie in Büchern finden können, aber Sie können eine solche Anleitung auch abwandeln. Jedenfalls ist dies ein wichtiges Ritual.

Im Folgenden ein Abriss der einzelnen Schritte:

- Reinigung des Ortes.
- Aufstellen des Altars.
- Entzünden der Kerzen und des Weihrauchs.
- Weihe des Wassers.

- Segnung des Salzes.
- Die eigentliche magische Erzeugung des Kreises
- Salz rings um den Kreis streuen. Das Weihrauchgefäß rings um den Kreis bewegen. Eine brennende Kerze rings um den Kreis tragen. Wasser rings um den Kreis verspritzen.
- Nach dem Ritual den Kreis wieder auflösen.

So wird es von vielen Wiccas gemacht, aber das ist nicht die einzige Methode.

Sie sollten nicht nur die äußeren Mechanismen dieses Ablaufes kennen, sondern auch mit den inneren Prozessen, die damit einhergehen, vertraut sein. Dazu gehören die Mobilisierung und die Entsendung der Energie, Visualisierungen und Bewusstseinsveränderungen. Wenn Sie sich einmal für eine bestimmte Methode entschieden haben und sich mit ihr wohlfühlen, so sollten Sie sich voll und ganz auf sie einlassen. Den Ablauf sollten Sie aus dem Gedächtnis reproduzieren können.

Und dann tauchen oft folgende Fragen auf:

Wie stark ist Ihr Kreis? Können Sie ihn verlassen oder müssen Sie einen Durchgang herausschneiden, wenn Sie raus wollen? Wie schaffen Sie diesen Durchgang? Wie ist es mit Haustieren und Kindern, die in ihm herumtollen? Können sie ihn beschädigen? Müssen Sie ihn noch einmal erzeugen, wenn das passiert?

Was ist die Funktion des Kreises? Energie zu speichern? Irgendetwas anderes fernzuhalten? Oder beides? Oder ist er einfach nur ein Ort, den Sie erschaffen, um den Gottheiten zu begegnen? Braucht man ihn für alle Rituale, selbst solche, die im Freien stattfinden? Kann es dabei zu irgendwelchen Komplikationen kommen?

Wenn Sie sich die Antworten auf diese Fragen erarbeiten, so werden Ihre Kreise stärker und wirkungsvoller sein. Warum? Weil Sie Ihren Kreis in- und auswendig kennen. Sie haben dann keinerlei Unsicherheit in Bezug auf seine Funktion und seinen Zweck.

## Die Weihe von Ritualgegenständen

In vielen Traditionen werden Ritualgegenstände durch besondere Zeremonien geweiht. Bei manchen spielen die vier Elemente eine Rolle. Bei anderen wird gesegnetes Salz und Weihwasser über diese Ritualgegenstände verstreut bzw. versprengt. Sie sollten also irgendeine Art von Weihespruch entwerfen, der diese Ritual-Handlung zusammenfasst, oder einen übernehmen und für sich anpassen. Solche Rituale sind meist kurz und beruhen mehr auf der Energie des Weihenden als auf der Form des Rituals selbst.

## Kuchen und Wein

»Kuchen und Wein«, manchmal auch »Kuchen und Bier« – beides wurde im vorigen Band als »Das einfache Mahl« bezeichnet – ist ein Ritual im Ritual, der Energie erdet und uns direkt mit Göttin und Gott verbindet, da wir Speisen zu uns nehmen, die auf Ihrem Planeten geschaffen wurden.

Das Ritual ist recht einfach: Der Kuchen bzw. die Plätzchen und der Wein bzw. der Saft werden durch ein kurzes Gebet zu den Gottheiten gesegnet. Ein kleiner Teil der Speisen bleibt auf dem Altar oder in einer Opferschale und wird später dann der Erde zurückgegeben. Dann wird das Mahl verzehrt. Auch dies ist also eine kurze Zeremonie.

Viele Wiccas backen diese Plätzchen oder Kuchen selbst, andere kaufen sie im Laden. Viele von uns trinken keinen Wein. Was kann man also als Ersatz nehmen? Traubensaft? Apfelsaft?

Diese Rituale niederzuschreiben ist nicht so schwierig, wie es Ihnen vielleicht scheinen mag, vor allem wenn Sie sich dabei an bereits existenten Traditionen orientieren.

## Handfasting

Dies ist eine Heiratszeremonie, bei der sich die Partner gegenseitig die Hände reichen, und zwar so, dass die rechte Hand des Partners die rechte Hand der Partnerin ergreift, und die linke Hand des Partners die linke Hand der Partnerin, sodass von oben her gesehen eine Unendlichkeits-Schleife entsteht. Vielleicht brauchen Sie dieses Ritual, vielleicht auch nicht. Und natürlich hat es keine rechtliche Relevanz, es sei denn, es wird durch eine staatliche Instanz bestätigt.

## Geburtszeremonie

Manche nennen sie »Wiccaisierung«, aber mir gefällt dieser Ausdruck nicht. Auch bei diesem Ritual stellen sich Fragen: Wird der Säugling der Göttin oder Gott geweiht? Sollte ein Kind dabei auch mitreden dürfen, sodass die Zeremonie eher in einem späteren Alter stattfinden müsste? Wenn der Ritus das Kind nur schützen und seine Ankunft feiern soll, dann stellen sich solche Fragen natürlich nicht. Alles das hängt davon ab, wie Sie es definieren.

## Todeszeremonie

Die Wicca-Religion kennt keine Trauer-Rituale, denn der Tod ist ein Tor, durch das Seelen wandern, um wieder ins Reich der Göttin einzutreten. Unser Körper ist nur ein Gewand, das wir tragen, bis es zerfällt oder wir keine weiteren Themen und Gelegenheiten für die Weiterentwicklung brauchen. Wir sollten uns um unseren Körper kümmern, aber der Tod des Körpers ist im Sinne unserer Tradition keine Zeit für *ritualisierten* Schmerz. Denn die Seele selbst stirbt ja nicht. Wie könnte es anders sein in einer Religion, die an

Reinkarnation glaubt und den körperlichen Tod nur als eine von vielen Transformationen betrachtet, die die menschliche Seele erlebt?

Natürlich empfinden auch Wiccas Schmerz beim Tod einer geliebten Person, und viele von uns haben auch kleine Riten, um den Übergang zu markieren. Nur wenig ist davon veröffentlicht worden. Sie können Ihre eigenen Riten gestalten, wenn Sie danach ein Bedürfnis haben.

## Selbst-Initiation und Initiations-Rituale

Schließlich werden Sie vielleicht den Wunsch haben, die Zeremonie für Ihre eigene Selbst-Initiation aufzuzeichnen. Und wenn Sie planen, irgendwann auch andere Menschen in Ihre eigene Tradition einzuweihen, so empfiehlt es sich, diese Zeremonie genau auszuarbeiten. Es ist nie zu früh, um mit der Planung zu beginnen.

# Kapitel 18
# Glaubenssätze

»Glaube« ist nicht gerade das beste Wort, aber da es traditionell mit Religionen verbunden ist, verwende ich es trotzdem.

## Allgemeine Glaubenssätze der Wicca-Religion

- Göttin und Gott werden verehrt. Das ist ein zentraler Satz des Wicca-Denkens.
- Menschliche Seelen erfreuen sich einer Reihe von Inkarnationen in menschlicher Form. Diese Vorstellung wird von den meisten Wiccas geteilt. Es unterliegt mystischer Spekulation, wie und warum wir uns mehrere Male inkarnieren, und nur wenige von uns können darüber eine genaue Auskunft geben. Manche behaupten einfach nur, dass wir uns reinkarnieren und andere Menschen treffen, die wir schon aus früheren Leben kennen. Andere gehen mehr ins Detail. Manche sagen, dass wir uns immer im selben Geschlecht inkarnieren, andere sind der Meinung, dass wir immer genau das Geschlecht wählen, das für unsere Entwicklung mehr Lernstoff bietet. Da gibt es nur wenig Übereinstimmung.
- Energie kann auf nicht-physische Weise ausgesandt werden, um die Welt auf positive Weise zu beeinflussen. Insofern akzeptieren wir sowohl die Praxis der Magie als auch ihre Wirksamkeit.

- Jede Handlung kehrt zu ihrem Verursacher zurück. Wie dies genau geschieht, ist ebenfalls ein Thema, über das viel spekuliert wird. Manche Wiccas behaupten, dass die Göttin diese Funktion erfüllt; andere sagen, dass es ein Gesetz wie die Schwerkraft ist und dass es kein Wesen gibt, das sich eigens damit befassen muss. Eher ist es eine automatische Reaktion, vergleichbar mit dem Zurückprallen eines Balles von einer Wand.
- Die Erde ist unsere Heimat und unsere Göttin. Sie ist kein Werkzeug, das wir rücksichtslos missbrauchen können. Ökologische Überlegungen sind in unserem Zusammenhang eher neu, spielen inzwischen aber eine wichtige Rolle. Viele Rituale werden vollzogen, um die Erde zu heilen. Die grüne Bewegung hat eine enorme Wirkung auf die Wicca-Religion ausgeübt.
- Wir sind nicht missionarisch. Wir haben es nicht nötig, hinauszugehen und unsere Lehre zu verkünden. Natürlich können wir Fragen zu unserer Religion beantworten, aber das ist etwas ganz anderes als an die Tür zu klopfen und fremde Menschen zu fragen, ob sie heute schon Gottes Wort gehört hätten. Bei Religionen, deren Mitglieder sich für die Vertreter des allein gültigen Weges halten, sind solche Gewohnheiten verständlich, wenn auch lästig. Aber zu Wicca passen sie einfach überhaupt nicht.
- Die Wicca-Lehre akzeptiert, dass jede Religion für ihre AnhängerInnen die richtige ist. Das heißt nicht, dass wir jeden Vertreter jeder Religion mögen, aber wir sind für das ökumenische Denken. Wir wollen einander tolerieren, mehr noch, Wiccas werden in der Zukunft verstärkt den Dialog mit den anderen Religionen suchen, damit sie mehr Informationen über uns gewinnen. Dieser Prozess ist bereits angelaufen.

Wicca akzeptiert Mitglieder beiderlei Geschlechts, aller Rassen, Nationalitäten wie auch jeder sexuellen Präferenz. Leider kommen Rassismus und Vorurteilsdenken auch in unserer Religion vor: Viele Covens sperren Nicht-

Weiße von Einweihung und Weiterbildung aus. Dieser Rassismus ist meist verdeckt, wird selten ausdrücklich ausgesprochen, aber es gibt ihn. Natürlich sind wir auch nur Menschen und wurden von Geburt an gelehrt, bestimmte Gruppen zu mögen und andere abzulehnen. Aber solche idiotischen Vorstellungen müssen wir überwinden, um zu erkennen, dass wir alle einfach nur Menschen sind. Rassismus und Vorurteil in jedweder Form sind dem Wicca-Denken diametral entgegengesetzt. Und außerdem: Wer sagt denn, dass die Göttin zu unserer Rasse gehört?

- Wicca ist eine Religion und keine politische Organisation. Manche Wicca-Gruppen arbeiten zeitweise für ein gemeinsames Ziel zusammen, und einzelne Wiccas können sich im politischen System engagieren. Aber insgesamt mischt sich Wicca nicht in die Politik ein: Sie formuliert keine politischen Ziele und unterstützt keine politischen Kandidaten. Es gibt aber öffentliche Anliegen, für die sich einzelne Wiccas eingesetzt haben wie etwa Themen der Gleichberechtigung, Selbstbestimmung in Fragen der Fortpflanzung, Umweltschutz, Tierschutz, Einschränkung der religiösen Freiheit u. Ä. Aber Wicca ist keine politische Religion. Einige Covens verbieten sogar politische Diskussionen vor, während und nach dem Treffen.
- Wicca nimmt kein Geld für privaten Unterricht oder für Einweihungen. Konkrete Sakralgegenstände, die von Mitgliedern der Religion angefertigt wurden wie Pentakel, Messer, Zauberstäbe, Weihrauch, Öl und Bücher sowie Dienstleistungen wie etwa öffentlicher Unterricht und Beratungen können und sollen auch bezahlt werden, nicht aber persönliche, private Wicca-Sitzungen und Initiationen. In manchen Gruppen werden Geldmittel für Ritualgegenstände eingesammelt und aufbewahrt, aber dies ist die einzige Ausnahme.

So gut wie alle Wiccas bejahen diesen ganzen Katalog von Glaubenssätzen. Natürlich kann man nicht genau herausfinden, wie einzelne Mitglieder sie verstehen und interpretieren, aber wir können sicher sein, dass die meisten damit einverstanden sind.

Es wäre günstig, wenn auch Sie sich eine Liste Ihrer persönlichen Wicca-Glaubenssätze zusammenstellen würden. Und zwar nicht nur allgemeine Leitsätze, sondern auch Ihre eigene Interpretation. Das könnte z. B. so aussehen:

Reinkarnation
- Wir reinkarnieren uns viele Male, um unsere Lektionen im Leben zu lernen.
- Wir können Reinkarnationsgruppen mit Menschen bilden, die wir aus früheren Leben kennen.
- Auch Katzen reinkarnieren sich.

Wichtig ist es, Ihre Glaubenssätze schriftlich zu formulieren. Dadurch kristallisieren und stärken Sie sich. Ein Glaube kann ziemlich nebulös sein. Aber durch diese Übung können Sie ihn besser definieren.

Mit wachsender Erfahrung und Kenntnis werden sich Ihre Interpretationen der Wicca-Religion vielleicht oder wahrscheinlich verändern. Das ist nur natürlich. Vielleicht ist Ihre erste Liste irgendwann veraltet. Auch das ist in Ordnung.

Wicca ist eine Religion, die ganz bestimmte Dinge lehrt. Mit ihnen sollten wir voll und ganz vertraut sein, wenn wir sie praktizieren wollen. Es kann einige Zeit dauern, bis Sie alles so richtig akzeptiert haben. Deshalb: Lernen, denken, beten und experimentieren Sie.

Wicca-Glaubenssätze sind der Kern unserer Religion.

# Kapitel 19
## Regeln

Die meisten religiösen Vereinigungen geben ihren Mitgliedern Richtlinien oder Verhaltensregeln mit auf den Weg. In diesen Gesetzen finden wir oft das eigentliche Wesen des jeweiligen Glaubens, während es aus dem tatsächlichen Verhalten vieler Glaubensgenossen nicht unbedingt ablesbar ist.

Wicca besitzt nicht nur ein solches Gesetzeskompendium, sondern sogar mehrere. Das berühmteste davon, das in mehreren verschiedenen Versionen veröffentlicht wurde, entstammt den Quellen der Gardner-Wicca-Tradition.

Es gibt auch viele andere Variationen, und manche Zirkel erstellen ihre eigene Gesetze-Sammlung für ihre jeweiligen Anhänger. Allen Wicca-Regeln liegt eine Leit-Idee zugrunde: niemandem Schaden zufügen.

Traditionelle Wicca-Gesetze kann man zum Zweck der Untersuchung in verschiedene Kategorien einteilen. Wenn man sie betrachtet und einige Musterbeispiele (die am Ende dieses Kapitels aufgelistet sind) liest, so hat man schon alles, was man braucht, um eine Gesetze-Sammlung zu schreiben oder eine bereits existierende der eigenen Praxis anzupassen.

Im Folgenden finden Sie eine kurze Zusammenfassung der traditionellen Wicca-Gesetze. Im ersten Abschnitt werden Gesetze formuliert, die sich hauptsächlich auf die Prozesse in Covens beziehen und deshalb für allein Praktizierende weniger wichtig sind. Im zweiten Abschnitt geht es dann um Gesetze, die für allein Praktizierende sehr wichtig sein können.

## Traditionelle Wicca-Gesetze für Covens

### *Organisation und Hierarchien in Covens:*

Hier werden meist die Aufgaben der Hohepriesterin und des Hohepriesters aufgezählt. Auch wird festgelegt, wie lang Zeremonien in etwa zu dauern haben. Einweihungsgrade werden definiert. Zusammensetzung und Funktionen eines »Ältesten-Rates« werden dargelegt. Dabei handelt es sich meist um Mitglieder der höchsten Einweihungsränge, die von anderen Mitgliedern um Rat gefragt werden. Auch andere Organe und Positionen innerhalb des Covens können beschrieben werden.

### *Geheimhaltung*

Es gab immer schon das Verbot, Dinge auszuplaudern, die nur für die Augen und Ohren von anderen Eingeweihten derselben Traditions-Linie gedacht sind. Manchmal wird Menschen, die ihre Eide gebrochen haben, mit göttlicher Strafe gedroht.

Natürlich können auch allein praktizierende Wiccas eine »geheime« Tradition gründen. Aber ob Sie die Einzelheiten Ihrer Religionsausübung mit anderen teilen wollen, ist eine ganz und gar persönliche Entscheidung. Nur Sie können bestimmen, was Sie von sich offenbaren.

Was tun, wenn Probleme aufkommen?

Hier geht es um den richtigen Weg, mit Problemen fertig zu werden. Manche Covens wenden sich bei der Entscheidungsfindung oder beim Umgang mit Beschwerden an ihren »Ältesten-Rat«. In den meisten Traditions-Linien ist es hochrangigen Mitgliedern erlaubt, ihren Ursprungs-Coven zu verlassen, wenn sie dort nicht mehr arbeiten können, und einen eigenen zu gründen. Viele Bestimmungen beziehen sich auf Hohepriesterinnen und Hohepriester, die Gesetze brechen oder das Interesse an ihrer Coven-Arbeit verlieren.

### *Ratschläge bei Verfolgung*

Diese offenbar uralten Gesetze erlauben es, unter extremer Folter auszusagen. Später können dann alle Informationen, die von den Behörden erpresst wurden, wieder geleugnet werden. Ferner kommt auch das Versprechen vor, dass man Personen, die als Hexen verurteilt wurden und dem sicheren Tod entgegengehen, Gift zukommen lässt, damit ihr Tod weniger schmerzhaft ist. Heute hat das allerdings keine Bedeutung mehr.

### *Anwesenheit bei Ritualen*

Viele Traditionen haben Gesetze, die die Anwesenheit bei Ritualen regeln. Da gibt es eine große Bandbreite, manche Covens haben dazu überhaupt keine Bestimmungen. Aber meistens erwartet man von den Mitgliedern, dass sie bei allen Ritualen zugegen sind, es sei denn, sie hätten sich zuvor bei den LeiterInnen des Covens abgemeldet. In manchen Regelungen heißt es, dass Mitglieder ausgeschlossen werden, wenn sie nacheinander mehr als sechsmal gefehlt haben; einfach, weil es zeigt, dass sie sich nicht mehr dafür interessieren.

Allein Praktizierende betrifft das überhaupt nicht. Trotzdem wäre es ganz gut, den regelmäßigen Vollzug der Rituale in Gesetzesbüchern zu betonen.

## Traditionelle Gesetze, die auch für allein Praktizierende von Belang sind

### *Verehrung der Gottheiten*

Manchmal wird das Datum ritueller Zeremonien aufgelistet. Oder es wird darauf hingewiesen, dass Göttin und Gott unsere Anbetung verdienen und durch Rituale verehrt werden müssen. Das ist nur vernünftig. Weshalb wären wir sonst auch Wicca-Gläubige? Das ist ein Grundelement unseres Glaubens.

### *Blutvergießen*

Oft wird gesetzlich festgelegt, dass innerhalb des magischen Kreises kein Blut vergossen und keine Tieropfer dargebracht werden dürfen. Dies ist eine universelle Wicca-Tradition, ganz gleich, ob sie nun ausdrücklich formuliert ist oder nicht.

### *Vermeidung von Schaden*

Das zentrale, allumfassende Thema der meisten Gesetze: Wiccas dürfen anderen einfach kein Leid zufügen. Dieses Gesetz sollten Sie auch in Ihrem Kompendium formulieren.

### *Verwendung von Magie*

Allgemein wird festgelegt, dass Magie nicht für Geld gemacht werden soll, denn dies könnte zum Vollzug von destruktiven Ritualen führen. Auch soll Magie niemals eingesetzt werden, um den eigenen Stolz zu nähren oder irgendwelche anderen Zusammenhänge zu stören. Allerdings wird Wicca-Mitgliedern manchmal erlaubt, die »Kraft« (also Magie) einzusetzen, um andere davon abzuhalten, Schaden zu verursachen (siehe dazu auch das »Gesetz der Macht« am Ende dieses Kapitels).

### *Verhalten*

Wiccas werden davor gewarnt, gegenüber anderen Menschen aufzutrumpfen oder ihnen zu drohen. Vielmehr sollen sie ihnen mit Freundlichkeit und Mitgefühl begegnen, unabhängig davon, ob sie zu unserem Glauben gehören oder nicht. Ferner ist es verboten, innerhalb oder außerhalb des Kreises Drogen zu nehmen, über andere Mitglieder Klatsch zu verbreiten oder ihre Religionsausübung oder Lehre zu stören. Auch wenn niemand außer ihnen diesen Aufruf zu freundlichem Verhalten liest, so ist der Inhalt manchmal durchaus notwendig.

### *Lehre*

Manchmal liest man die Bestimmung, dass alle, die ihr Interesse an Wicca aussprechen, unterrichtet werden müssen – es sei denn, sie beginnen ihre Informationen zu missbrauchen. Solche Gesetze sind aber nicht mehr zeitgemäß und wurden auch aufgegeben. Dann das würde dazu führen, dass manche Wiccas hundert oder mehr SchülerInnen lehren müssten. Das würde die Qualität des Unterrichts schmälern und die Lehre verwässern. Solche Gesetze sind heute nicht mehr praktikabel, da so viele Leute einfach nur mal reinschnuppern möchten.

### *Die Gesetze beachten*

Wiccas sollen die Gesetze achten und nicht zulassen, dass sie gebrochen werden. Dies ist eine vernünftige Aufforderung, die meistens am Ende der Gesetzestexte steht.

*Liebe zur Göttin und dem Gott*

Dies erinnert uns sanft daran, dass wir nicht allein auf der Welt sind. Im Grunde ist es am besten, das Gesetz mit der Bekräftigung unseres Glaubens zu beginnen und zu beenden.

Nach alledem denken Sie vielleicht: »Wozu brauche ich ein Gesetz, wo ich doch meine Rituale ganz allein vollziehe?« Die Frage ist berechtigt und die Antwort ganz einfach: Die meisten Gesetze, die für allein Praktizierende relevant sind, gehören zur Wicca-Tradition. Ohne sie sind wir orientierungslos. Wenn wir sie dagegen Wort für Wort formulieren und in unser Schattenbuch eintragen, so können wir sie immer bequem nachlesen, wenn wir Orientierungshilfen brauchen.

Es ist gut und recht zu sagen: »Dieses tue ich sowieso nicht, und an das andere erinnere ich mich ja!« Aber wenn man ein Ensemble von Gesetzen hat, so hilft das dem Gedächtnis gut auf die Sprünge.

## Verschiedene Modelle für Gesetzbücher

Nach diesem allgemeinen Überblick können wir also unsere eigenen Gesetze formulieren. Es liegt voll und ganz bei Ihnen, was Sie wie formulieren und wie Sie es präsentieren. Manche nummerieren ihre Regeln, andere nicht. Manche schreiben sie in Reimen, die meisten aber in Prosa.

Im Folgenden finden Sie drei Versionen, die ich geschrieben habe. Die erste basiert auf den Ausführungen in diesem Kapitel, die zweite und dritte (die sich ausschließlich mit Magie befasst) zitiere ich aus dem vorigen Buch »*Wicca – Einführung in Spiritualität und Praxis der neuen Hexenkunst* (Ullstein Taschenbuch 74350)«.

## DAS GESETZ

Wir folgen den alten Wegen, wir sind es, die mit Göttin und Gott gehen und Ihre Liebe empfangen.

Feiere die Jahresfeste und anderen Rituale, so gut du kannst, denn sonst minderst du die Verbindung mit Göttin und Gott.

Tu niemandem etwas zu Leide. Dies ist das älteste Gesetz. Versuche nicht, es zu ändern oder anders zu deuten.

Vergieße kein Blut in Ritualen, denn Göttin und Gott brauchen kein Blut zu Ihrer Verehrung.

Wer mit uns unserem Weg folgt, ist freundlich zu allen Wesen, denn schädliche Gedanken erschöpfen die Kraft. Sie sind der Mühe nicht wert. Unglück ist selbst geschaffen, genauso wie Freude. Erschaffe deshalb Freude, verachte das Unglück. Das liegt in deiner Macht. Richte also keinen Schaden an.

Lehre nur, was du kannst, dann aber nach bestem Wissen und Gewissen. Lehre nur Schüler, die du auswählst, nicht aber solche, die deine Anweisungen für Zerstörung und Macht missbrauchen. Lehre auch Bescheidenheit, denn wer für den eigenen Ruhm lehrt, wird wenig Grund haben, stolz zu sein. Wer aber aus Liebe lehrt, wird von den Gottheiten umarmt.

Wenn du zu uns gehören willst, so nimm dir unser Gesetz zu Herzen, denn es liegt im Wesen unserer Religion, das Gesetz zu achten.

Wenn es nötig ist, kann jedes Gesetz verändert oder aufgegeben werden, sofern das neue Gesetz nicht das älteste bricht: Füge niemandem Schaden zu.

Der Segen der Göttin und des Gottes ruhe auf uns allen.

Vollziehe die Riten so oft wie möglich in Wäldern, am Strand, auf einsamen Berggipfeln oder an stillen Seen. Ist dies nicht möglich, so reicht auch ein Garten oder selbst ein Zimmer, wenn es durch Düfte und Blumen geschmückt ist.

Suche unsere Weisheit in Büchern, seltenen Manuskripten und rätselhaften Gedichten, wenn du so willst. Doch suche sie auch in einfachen Steinen, zarten Pflanzen und im Ruf der Wildvögel. Lausche dem Flüstern des Windes und dem Rauschen des Wassers, wenn du dich nach Magie sehnst, denn hier sind die alten Geheimnisse aufbewahrt.

Bücher enthalten Wörter, Bäume jedoch Energien und Weisheiten, die in Büchern undenkbar sind.

Denke immer daran, dass die alten Wege sich unablässig enthüllen. Sei also wie die Weide am Fluss, die sich beugt und schwingt mit dem Wind. Was unverändert erstarrt, wird bald überholt sein. Doch was sich entwickelt und wächst, wird auf Jahrhunderte leuchten.

Verlache nicht Rituale und Sprüche anderer Menschen, denn wer kann sagen, dass die deinigen stärker sind in Weisheit und Kraft?

Achte auf die Ehrbarkeit deiner Handlung, denn was immer du tust – gut oder böse –, es kommt dreifach zu dir zurück.

Mit Vorsicht begegne Menschen, die versuchen, dich zu beherrschen, die versuchen, dein Wirken und deinen Glauben zu kontrollieren und zu missbrauchen. Wirkliche Verehrung der Göttin und des Gottes erfolgt in der eigenen Seele. Misstraue allen, die zu ihrem eigenen Gewinn, ihrem eigenen Ruhm von dir Bewunderung erzwingen. PriesterInnen und Priester dagegen, die von Liebe durchdrungen sind, heiße willkommen.

Ehre alle lebenden Wesen, denn wir selbst sind Vogel, Fisch und Biene. Zerstöre kein Leben, es sei denn, um dein eigenes zu retten.

Und dies ist das Wesen unseres Weges.

## DAS GESETZ DER MACHT

Macht darf nicht verwendet werden, um andere zu schädigen, zu verletzen oder zu beherrschen. Aber wenn es nötig ist, so soll sie eingesetzt werden, um dein Leben und das von anderen zu schützen.

Macht wird nur genutzt, wenn Not es gebietet.

Macht darf deinen Zwecken dienen, aber nur solange du damit niemandem Schaden zufügst.

Es ist unklug, Geld für den Einsatz der magischen Macht zu empfangen, denn allzu bald nur beherrscht es seine Empfänger. Folge hier nicht dem Beispiel anderer Religionen.

Benutze nicht magische Macht für eitlen Gewinn, denn dies schmälert die Mysterien von Wicca und Magie.

Denke immer daran: Magische Macht ist die heilige Gabe der Gottheiten und darf niemals missbraucht werden.

Und dies ist das Gesetz der magischen Macht.

Die meisten magischen Gesetze sind geheim und dürfen keinesfalls veröffentlicht werden. Aber was in diesem Kapitel vorkommt, sollte Ihnen genügen, um den eigenen Gesetzes-Text zu formulieren.

Weisheit und Liebe mögen Sie dabei leiten.

# Kapitel 20
# Wicca-Symbole

Graphische Symbole sind in der Wicca-Tradition ein wichtiges Element. Sie werden im Buch der Schatten als magische Kurzschrift, als graphische Darstellung eines Wicca-Inhalts gezeigt und um magische Ritualgegenstände und Schmuck mit Energie aufzuladen.

Die ersten rituellen Wicca-Symbole stammten meist aus der Zeremonial-Magie (vor allem aus dem »Schlüssel Salomons«) und der Alchemie. Bald nahm ihre Anzahl zu, und ihre Inhalte wurden konkreter: Sie standen z. B. für verschiedene Einweihungsgrade, für den magischen Kreis, die Göttin und den Gott. Verschiedene Richtungen trafen Übereinkünfte über ihre Symbole. Man begann darüber zu schreiben, und so verbreitete sich ihr Gebrauch immer mehr.

Auch in Ihrer Form werden Sie wahrscheinlich solche Embleme verwenden. Sie sind im Grunde eine Art von kompaktem Alphabet. Sie lösen mächtige psychische Reaktionen aus, wenn dem Empfänger ihre Bedeutungen bekannt sind, denn sie sprechen zum Unterbewussten.

Sie können Ihre eigenen Symbole entwerfen oder aus denen auswählen, die ich auf den folgenden Seiten aufliste. Allerdings möchte ich Sie davor warnen, Embleme zu verwenden, die Ihnen nicht vertraut sind. Wenn Sie ihre Bedeutungen nicht wissen, sollten Sie überhaupt nicht damit arbeiten.

## Symbole unserer Religion

Das bekannteste ist natürlich der Drudenfuß bzw. das Pentagramm, ein fünfzackiger Stern, dessen Spitzen miteinander durch verschränkte Linien verbunden sind. Wenn ein Zacken nach oben weist, so steht es für die Wicca-Religion. Allerdings scheint dieser Zusammenhang relativ neu zu sein, obwohl das Symbol selbst seit mindestens 2400 v. u. Z. in Gebrauch ist. Es erscheint auf nahöstlichen Keramiken aus dieser Zeit.

Auch kleine Göttin-Darstellungen, meist als Schmuck, gehören zu unseren Symbolen, vor allem die so genannten »Venus«-Statuetten wie etwa die Venus von Willendorf.

Vor einiger Zeit trugen Wiccas einen grünen Button oder Buchstaben oder Zeichen, damit sie sich in der Öffentlichkeit erkannten und begrüßen konnten. Diese Gewohnheit ist jedoch in ganz Großbritannien – soweit ich weiß – wieder aufgegeben worden.

## Traditionelle Symbole

Viele Wicca-Traditionen verwenden ein ganz bestimmtes Symbol. Es kann jede beliebige Form annehmen, aber die meisten nehmen auch eines oder einige der im Folgenden aufgelisteten Symbole auf. Diese Kombinationen sind manchmal sehr eigenwillig und auffallend.

Wie Sie an den Illustrationen sehen, gibt es viele mögliche Kombinationen dieser Elemente.

Für Ihre eigene Tradition brauchen Sie nicht unbedingt ein Symbol. Aber wenn Sie eines entwerfen, so können Sie es in Ihr Schattenbuch eintragen, auf Roben aufsticken, auf magische Geräte zeichnen oder wie auch immer in ritueller Weise verwenden.

Pentagramm (Drudenfuß) 

Anch 

Sichelmond 

Hörner 

Achtzackiger Stern 

Kreis 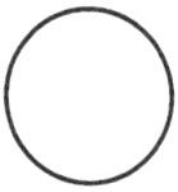

Yoni-Symbol
(vor allem bei feministischen Wiccas sehr beliebt) 

Die Göttin 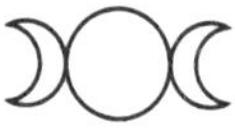

Der Gott 

Der magische Kreis 

Die Haltung der Göttin
(eine Körperhaltung, die in Wicca-Ritualen eingenommen wird. Die Beine sind geöffnet, die Arme zeigen rechtwinklig zur Seite und nach oben) 

Die Haltung des Gottes
(eine Körperhaltung, die in Wicca-Ritualen eingenommen wird: Die Beine sind geschlossen, die Unterarme werden über der Brust gekreuzt; der linke Unterarm liegt meist über dem rechten) 

Weiblich ♀

Männlich ♂

Besen 

Zauberstab 

Kessel 

Pentakel 

Athame 

Schwert 

Band 

Freudenfeuer 

Altar 

Kelch 

Das »einfache Mahl« oder »Kuchen und Wein« 

Im Uhrzeigersinn (englisch *Deosil*) 

Gegen den Uhrzeigersinn (englisch *Widdershins*) 

Jungfrau 

Mutter 

Greisin, weise Alte 

Erde 

Luft 

Erde 

Luft 

Erde 

Luft 

Feuer 

Feuer 

Feuer 

Sonne 

Mond 

Erde 

Merkur 

Venus 

Mars 

Jupiter 

Saturn 

Uranus 

Wasser 

Wasser 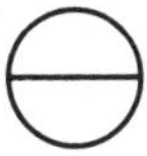

Wasser 

Neptun 

Schwarzmond 

Zunehmender Mond 

Vollmond 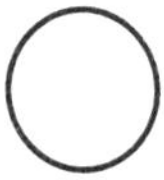

Abnehmender Mond 

Mondaufgang 

Monduntergang 

Sonnenaufgang 

Sonnenuntergang 

Wiedergeburt 

Reinigung 

Zauber 

Todesfluch 

Segen 

Spiritualität  Spiritualität 

Frieden 

Schutz  Schutz 

Heilung und Gesundheit 

Mut 

Magische Energie 

Physische und magische Kraft 

Schönheit 

Liebe  Liebe 

Hochzeit 

Freundschaft 

Liebe 

Mediale Wahrnehmung 

Mediale Wahrnehmung 

Tagesbewusstsein 

Geld  Geld 

Regen 

Gewitter 

Sexualität 

Fruchtbarkeit 

Ätherisches Öl 

Pflanze (Kräuter, Blüten, Blätter) 

Wasser 

Salz 

Hexenzeichen
(es wird verwendet, um Ritualgegenstände, Ritualorte oder Altäre zu kennzeichnen. Es ist das römische Zeichen für die Zahl 13 in leicht modifizierter Form)

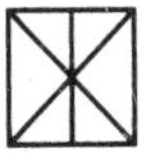

Kerze 

Wein 

Frühling 

Sommer 

Winter 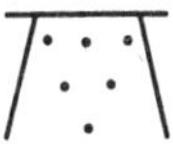

Herbst 

Osten 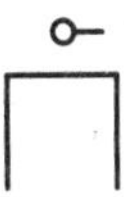

Süden 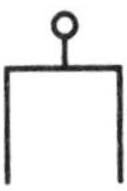

Norden 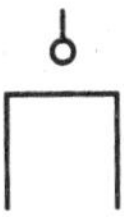

Westen 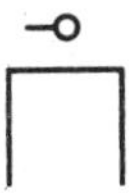

Die folgenden Symbole können Sie verwenden, um Ihre eigenen Rituale zu entwerfen. Die Sprüche dazu passen Sie ihren spezifischen Bedürfnissen an.

Ich gebe Ihnen hier die Symbole, die ich selbst entworfen habe, als eine Anregung, wie Sie selbst vorgehen können.

Um Schlaf herbeizuführen 

Um mediale Träume zu haben 

Um sich an Träume zu erinnern 

Um Schläfrigkeit zu verhindern 

Fürs Studium 

Um Eifersucht loszulassen 

Um Schuld loszulassen 

Um Stress zu reduzieren 

Um das Rauchen aufzugeben 

Um Gewicht zu verlieren 

Für Geschäftserfolg 

Um in Prüfungsgesprächen zu brillieren 

Um eine Anstellung zu bekommen 

Reise 

Schutz auf der Reise 

Um ein Kind zu beschützen 

Um zwei Kinder zu beschützen 

Um drei Kinder zu beschützen 

Um die Ehe zu festigen 

## Symbole aus dem Schattenbuch als magische Kurzschrift

Im Folgenden finden Sie einige Symbole aus verschiedenen Wicca-Traditionen mit verschiedenen Abwandlungen und einer ganzen Reihe, die ich selbst entworfen habe. Wenn man sie einmal kennt, ist es recht bequem, sie als Kurzschrift für Rituale im Schattenbuch zu verwenden. Zum Beispiel ist es viel leichter zu schreiben »Ziehe O« als »Ziehe den magischen Kreis«.

All diese Symbole können Sie für Ihre eigenen Rituale verwenden und an Ihre spezifischen Bedürfnisse anpassen. Im Folgenden finden Sie einige, die ich selbst entworfen habe.

## Persönliche Wicca-Symbole

Viele Wiccas setzen neben ihre Unterschrift ein Zeichen für ihre Religion, manchmal auch als schützendes Emblem. In manchen Traditionen zeigt das Symbol auch den Einweihungsgrad der betreffenden Person.

Ich setze meist einen Drudenfuß neben meine Unterschrift. Das steht auch Ihnen offen. Aber Sie können auch Ihr eigenes Symbol entwerfen. Es kann sich auf die Gottheiten beziehen oder irgendetwas vollkommen Persönliches und Einzigartiges sein. Ihrer Fantasie sind keine Grenzen gesetzt.

## Runenalphabete

Manche Wiccas verzieren ihre magischen Ritualgegenstände mit Runen oder schreiben ihre Rituale in Runenschrift. Letzteres ist aber nicht einfach, und nur wenige Leute sind heute bereit, ein ganz neues Alphabet zu lernen. Trotzdem kommen die Runen in den meisten Schattenbüchern vor.

Weshalb? Sie können aufgrund der ihnen innewohnenden Kraft für magische Zwecke verwendet werden. Außerdem ist es einfach eine alte Wicca-Tradition.

Mittlerweile sind schon mehrere Runen-Alphabete veröffentlicht worden, während sie früher eher geheim gehalten wurden. Deshalb haben wir nun eine breite Palette von

Informationen über dieses Thema und können die für uns am besten geeigneten Versionen auswählen.

In Bezug auf Form und Inhalt der Runen-Alphabete gibt es so viele verschiedene Meinungen, dass ich zu dieser Konfusion nicht auch noch beitragen will.

# Kapitel 21
# Das Buch der Schatten

Die meisten Wicca-Richtungen legen großen Wert auf ihr »Schattenbuch«. Solche Bücher werden nur selten veröffentlich, geschweige denn Nicht-Eingeweihten gezeigt. In ihnen werden die Glaubenssätze und Kultformen der jeweiligen Linie gründlich oder auch skizzenhaft aufgezeichnet.

Inhalt und Aufbau dieser Bücher variieren von Gruppe zu Gruppe, aber die folgenden Items kommen in den meisten von ihnen vor: Das Ziehen des magischen Kreises; religiöse Rituale; die Weihe von magischen Ritualgegenständen; Gesetze; Notizen zur Organisation des Coven; magische Riten; Gebete und vielleicht auch Kräuterwissen. Einige enthalten eine Aufstellung über das Pantheon der Gruppe, Übungsaufgaben für neue Lehrlinge sowie Initiations-Zeremonien.

Für die Gründung und Pflege aller Wicca-Traditionen sind solche Bücher von entscheidender Bedeutung, denn ohne sie müsste der gesamte Inhalt sorgfältig memoriert und mündlich weitergegeben werden. Und dabei können sich Irrtümer, Fehldeutungen und sogar Informationsverluste einschleichen.

Sie dürfen es nicht missverstehen: Keine mir bekannte Wicca-Gruppe hat alle Details aufgezeichnet. Vieles geht mündlich von den LehrerInnen zu den Lernenden. Aber ein Schattenbuch ist eben ein verlässlicher Führer und kann dem Gedächtnis auf die Sprünge helfen.

Heute gibt es viele verschiedene Schattenbücher. Einige werden von Hunderten oder Tausenden benutzt, andere wurden von allein praktizierenden Wiccas verfasst und anderen Menschen noch nie gezeigt.

Dieses Kapitel soll Sie anregen, Ihr eigenes Schattenbuch zu schreiben. In gewissem Sinne ist dies der Höhepunkt dieses dritten Teils innerhalb des ganzen Buches, denn hier lernen Sie, Ihre neue Wicca-Form schriftlich aufzuzeichnen.

Das Buch selbst unterliegt keinen formalen Bestimmungen. Es gibt heute gebundene leere Bücher. Aber die sollten Sie nur dann verwenden, wenn Ihre Form sich nicht mehr weiterentwickelt – denn es ist schwierig, in einem gebundenen Buch Veränderungen anzubringen. Deshalb ist ein Ringbuch mit losen Blättern besser. Dort können Sie neue Zusätze anfügen oder Altes streichen.

Viele Schattenbücher beginnen mit den Initiations-Ritualen und enthalten alle möglichen Informationen, die eigentlich nicht dazugehören.

Im Folgenden finden Sie einen allgemeinen Leitfaden für die Erstellung Ihres eigenen Schattenbuches.

Es ist ganz einfach: Tragen Sie alle Informationen, Regeln, Details Ihrer neugeschaffenen Form in die leeren Seiten ein. Fügen Sie auch Persönliches hinzu – vielleicht ein paar Gedichte oder Lieder. Die meisten Schattenbücher sind sehr persönlich. (Aber wenn Sie sich scheuen, ein solches Buch zu verfassen, brauchen Sie sich nicht dazu zu zwingen).

- Die Titelseite:
  Hier schreiben Sie »Buch der Schatten« oder z. B. »Das Buch der Schatten aus der Nachtmond-Tradition« oder irgendeinen anderen Titel, den Sie sich ausgedacht haben. Alternativ dazu kann auf dem Cover ein Pentagramm stehen oder Ihr Name in Runenschrift oder irgendwelche anderen Symbole. Es kann auch leer bleiben.
- Gesetze:
  Sie können sie auch als »Regeln« oder »Verhaltens-Maximen« bezeichnen.
- Anrufungen der Gottheiten können als Nächstes erschei-

nen, vielleicht sogar noch vor den Regeln. Eine oder zwei Anrufungen stehen oft ziemlich am Anfang eines Buches, um den Segen der Gottheiten herabzubeschwören.

- Eine Skizze des Altars.
- Anleitungen zum Ziehen und Beenden des magischen Kreises. Seien Sie hier so genau wie möglich.
- Rituale:
  Jahresfeste, Vollmondfeste, Weihe von rituellen Ritualgegenständen, das «einfache Mahl«.
- Gebete, Lieder und Anrufungen.
- Die magischen Ritualgegenstände:
  Dieser Teil kann auch an andere Stellen verschoben werden. In manchen Traditionen gehört diese Information zu den Einweihungs-Riten.
- Selbst-Initiation:
  Zusätzlich zu Ihrem Selbst-Weihe-Ritual können Sie auch ein Initiations-Ritual in einem Coven beschreiben.
- Magische Rituale und Informationen aller Art:
  Dazu gehören auch Kräuterwissen, Rezepte und Wicca-Zaubersprüche (in denen Göttin und Gott angerufen werden). Auch Symbole und Zeichen der magischen Kurzschrift können aufscheinen.

Diesen groben Aufriss können Sie nach Belieben umformen.

Sollten Sie Ihr Schattenbuch mit der Hand schreiben? Traditionelle Wiccas bejahen diese Frage, trotzdem gibt es heute schon viele, die mit der Maschine geschrieben, auf Disketten gespeichert oder fotokopiert sind. Aber zweifellos wird die Wirksamkeit des Schattenbuches sehr intensiviert, wenn Sie jedes einzelne Wort mit der Hand schreiben; denn auf diese Weise bleibt eine Spur Ihrer persönlichen Energie ganz physisch in den Worten und dem Buch als Ganzem.

Wenn Sie eine schreckliche Klaue haben oder einfach nicht gern mit der Hand schreiben, so können Sie es entweder abtippen oder in einen Computer eingeben und ausdrucken.

Die Computerfassung eines Schattenbuches erscheint bequem, ist aber längst nicht so prägnant wie eine Handschrift. Es gehört auch zum romantischen Erbe der Wicca-Religion, das wir nicht so einfach aufgeben sollten.

Aufgrund persönlicher Erfahrung gebe ich allerdings zu, dass eine Computerfassung hin und wieder ganz nützlich sein kann. Mit anderen Worten: Vielleicht ist das Schattenbuch in beiden Fassungen das Beste.

# *Kapitel 22*
# *Die Lehre (den Kreis erweitern)*

Nun wissen Sie schon mehr über Wicca als viele andere. Vielleicht sind Sie noch keine ExpertIn und haben auch noch viele Fragen. Aber andere, die noch nie ein Ritual vollzogen und noch nie ein Buch darüber gelesen haben, werden noch mehr Fragen haben. Und Ihr Wissen wird in dem Maße wachsen, wie Sie weiter üben, lesen und nachdenken. Wenn Sie nun anderen Personen von Ihrer neuen Religion erzählen, so ist es durchaus möglich, dass irgendjemand etwas von Ihnen lernen will – denn inzwischen sind Sie ja eine ExpertIn.

Vielleicht kommt es nicht dazu, aber wenn es passiert, stehen Sie vor einer wichtigen Entscheidung: Lehren oder nicht lehren, das ist nun die Frage. Damit Ihnen diese Entscheidung leichter fällt, bitte ich Sie, die folgenden Fragen zu beantworten:

### *Habe ich dafür bereits genügend Wissen und Erfahrung?*

Mit anderen Worten: Sind Sie in der Kunst des Wicca-Rituals fortgeschritten? Sind Sie mit den Ritualgegenständen vertraut? Verstehen Sie den inneren Sinn der Jahresfeste? Erfreuen Sie sich einer tiefen Beziehung zu den Gottheiten? Vielleicht sind Sie keine ExpertIn in der Coven-orientierten Wicca-Religion, dafür aber ExpertIn in Ihrer eigenen Form?

### *Habe ich die Fähigkeit, andere zu lehren?*

Können Sie komplexe Theorien in einfacher Sprache erklären? Sind Sie imstande, einem Lehrling die Wicca-Methoden zu demonstrieren? Sie brauchen weder Schultafel noch Zeigestab, um zu lehren. Am besten ist eine Mischung aus ehrlichem Gespräch und ritueller Demonstration. (Aber das sollte einfach und leicht verständlich bleiben.)

### *Habe ich grenzenlose Geduld?*

Können Sie eine Antwort mehrere Male wiederholen? Oder sind Sie leicht zu frustrieren, vor allem, wenn es um andere Menschen geht? Glauben Sie, dass es überhaupt »dumme Fragen« gibt? Haben Sie etwas dagegen, hin und wieder um zwei Uhr nachts angerufen zu werden?

### *Weiß ich, wie ich Lernwillige erkennen kann?*

Das ist eine wichtige Frage. Wirklich lernwillige Personen sind eine höchst seltene Spezies. Wenn jemand ein paar Monate mit Ihnen studiert und dann nie wieder anruft, dann haben Sie nicht viel Zeit vergeudet. Und vielleicht hatten Sie ja einen positiven Einfluss auf das Leben dieser Person. Aber wenn Sie nun jemanden unterrichten, der sich nicht an die Wicca-Gesetze hält und die magischen Techniken einsetzt, um andere zu schädigen? Dann werden Sie sich vielleicht schuldig fühlen, weil Sie in Ihrer Auswahl unvorsichtig waren. Wenn Sie jemanden nur deshalb unterrichten, weil Sie ihn oder sie gut kennen, werden Sie wahrscheinlich nicht viel Erfolg haben. Mit PartnerInnen und FreundInnen ist es ebenfalls sehr zweifelhaft, denn eine stabile Beziehung ist noch keine Garantie für ein gutes Lern-Verhältnis.

### *Will ich überhaupt lehren?*

Gefällt Ihnen die Vorstellung, einen sehr persönlichen Aspekt Ihres Lebens anderen gegenüber zu enthüllen? Wollen Sie wirklich die Verantwortung des Lehrens auf sich nehmen?

### *Wenn ja, warum?*

Was sind Ihre wirklichen Motivationen? Ansehen? Verehrung von Seiten Ihrer SchülerIn? Streicheleinheiten für Ihr Ego? Oder das Bedürfnis, anderen Menschen bei Ihrer spirituellen Entwicklung und Glücksfindung zu helfen? Haben Sie das unterbewusste Verlangen, Wicca missionarisch zu verbreiten? Das ist gegen den Geist unserer Religion. Oder wollen Sie einfach ein Bedürfnis erfüllen, das Ihnen gegenüber formuliert wurde?

### *Wie viel Zeit können und wollen Sie für den Unterricht aufbringen?*

Selbst wenn Sie nur eine SchülerIn haben, kann das aufwändig sein: Vielleicht möchten Sie sich Notizen für die Unterrichtsstunde machen und verschiedene Aspekte nachlesen, um sie fließend wiedergeben zu können. Vielleicht müssen Sie noch daran arbeiten, schwierige Themen auf verständliche Weise zu vermitteln. Wahrscheinlich werden Sie sich Zeit für Unterricht und/oder Rituale und andere zeitraubende Projekte freinehmen. Wie viele Stunden Sie geben, liegt an Ihnen. Aber einmal pro Woche ist ein gutes Maß.

### *Wie viel können StudentInnen ausgeben?*

Privater Wicca-Unterricht ist umsonst, aber es gibt trotzdem Ausgaben – für Ritualgegenstände, Bücher, Kerzen oder Weihrauch. Wenn Ihre StudentIn eher knapp bei Kasse ist, wären Sie bereit, Ihre eigenen Bücher und magischen Ritualgegenstände auszuleihen oder Duplikate davon zu kaufen? Hier muss ich allerdings eine Warnung aussprechen: Die meisten Wicca-Bücher werden nie zurückgegeben.

Ihre Antworten auf diese Fragen können Ihnen bei der Entscheidung helfen. Wenn Sie der Meinung sind, dass Sie noch nicht so weit sind oder einfach nicht wollen, so können Sie dies Ihrer Lern-AnwärterIn erklären. Wenn Sie aber beschließen, andere zu unterrichten, so ist es Zeit, Ihre Lehrstunden zu planen.

Ablauf, Dauer und Häufigkeit der Unterrichts-Einheiten liegen vollkommen in Ihrer Hand. Empfehlenswert sind feste Tage, also jeden Montag, Dienstag etc., das ist für Lernende eine Erinnerungshilfe.

Im Allgemeinen ist es am besten, in der eigenen Wohnung zu unterrichten. So können Sie eventuell auftauchende Fragen sofort konkret und anschaulich beantworten – durch Illustrationen in einem Buch und mit einem Ritualgegenstand, den Sie im Haus der StudentIn vielleicht nicht bei sich haben.

Der Unterricht sollte privat bleiben, aber nicht notwendigerweise geheim. Versuchen Sie einmal zu erklären, wie man einen magischen Kreis zieht, während drei kleine Kinder am Boden umherkrabbeln, den Fernseher einschalten oder Hunde und Katzen ins Wohnzimmer lassen! Diese Unterrichtsstunde ist nur verschwendete Zeit. Sie sollten sicherstellen, dass Sie und Ihre StudentIn tatsächlich allein zusammen sind.

Im Folgenden einige Leitlinien für den Unterricht:

### *Lehren Sie, was Sie wissen!*

Das mag selbstverständlich erscheinen, aber viele Menschen versuchen, Wissen weiterzugeben, das sie selbst gerade erst begriffen haben. Wenn Sie sich in bestimmten Themen noch nicht auskennen, so erwecken Sie nicht den Anschein, als könnten Sie darüber Auskunft geben. Wenn solche Aspekte auftauchen, machen Sie einfach eine kurze Bemerkung dazu und bleiben bei Ihrem Unterrichtsplan. Seien Sie ehrlich! Wenn Sie die Antwort auf eine Frage nicht wissen, dann sagen Sie es einfach. Vielleicht können Sie zusammen die Antwort finden.

*Lassen Sie nicht zu, dass Ihr Leben vom Lehren beherrscht wird!*

Auch wenn dieser Aspekt wichtig und erfüllend ist, sollte er nicht zum einzigen Lebenszweck werden.

*Lehren Sie mit Humor!*

Vergessen Sie die Art, wie Ihnen die Religion in Ihrer Kindheit beigebracht wurde. Wicca ist keine strenge, prohibitive Religion, sondern eine der Freude, der Liebe und des Vergnügens, und das sollte man auch in Ihren Lehrstunden spüren. Auch wenn Sie kein ausgemachter Clown sind, können Sie Wicca auf lockere und heitere Weise lehren. Bitte keine feierlichen Ermahnungen und keine strengen Vorlesungen!

*Lehren Sie mit Bescheidenheit!*

Pompöse Großartigkeit mag empfängliche SchülerInnen zeitweilig beeindrucken, aber wenn Sie mit Ihrer Macht und Weisheit überzogene Ansprüche vertreten, so kann dies selbst von dem unerfahrensten Ihrer Schüler schnell widerlegt werden. Und tun Sie nicht so, als sei Ihre Wicca-Version in Stein gemeißelt! Zeigen Sie den SchülerInnen, dass dies einfach nur Ihre Art des Umgangs mit den Wicca-Kräften ist und dass es noch viele andere davon geben könnte. Warnen Sie Ihre SchülerInnen nicht andauernd vor den »Gefahren«, die auf sie lauern, wenn Sie ein Wort im Ritual auslassen.

Solche abergläubischen Lehren haben in Wicca keinen Platz.

*Lehren Sie nicht die alte Geschichte der Wicca-Religion, wenn Sie nicht sicher sind, dass sie wirklich existiert!*

Die meisten Bücher über dieses Thema sind nicht vertrauenswürdig – auch wenn Sie von Wiccas geschrieben sind. Lehren Sie meinetwegen die moderne Geschichte unserer Religion, beginnend mit Gerald Gardner. Etwa vierzig Jahre können wir wirklich überblicken.

*Lehren Sie mit gesundem Menschenverstand!*

Lassen Sie Ihre SchülerInnen nicht gleich am Anfang in die tiefsten Abgründe springen! Fangen Sie klein an und steigern Sie dann langsam die Komplexität und Reichweite Ihrer Lektionen. Fragen Sie Ihre SchülerInnen, ob sie besonders wichtige Punkte verstanden haben, und schreiten Sie erst dann zu schwierigeren Themen fort, wenn dies der Fall ist. Sie können es ja auch prüfen.

*Lehren Sie nicht, wenn es zur Belastung wird!*

Wenn jemand nur wenig Interesse an Ihren Themen zeigt oder durchblicken lässt, dass er oder sie zerstörerische Magie betreibt, so sollten Sie aufhören, dieser Person Unterricht zu geben!

*Geben Sie nicht gewöhnliche Magie als Wicca aus!*

Wir alle wissen, dass Wicca nicht aus Kerzenmagie und Zauberbeschwörungen besteht. Wenn Sie solche nicht-religiösen Gebräuche lehren wollen, so tun Sie dies getrennt von Ihrem Wicca-Unterricht!

### *Lehren Sie nicht, wie man andere beherrschen kann!*

Das scheint auch ganz selbstverständlich zu sein, aber es gibt wirklich Menschen, die ein Verlangen haben, andere Personen zu beherrschen. Da Religion in allen Kulturen der Menschheitsgeschichte eine beherrschende Kraft gewesen ist, versuchen manche Wicca-Lehrer zu einer Autoritäts-Figur zu werden. Das und finanzieller Gewinn sind die beiden schlechtesten Gründe, um zu lehren.

### *Lehren Sie mit Liebe!*

Auch wenn Sie Ihre SchülerInnen nicht lieben – Ihre Religion sollten Sie lieben. Sie können Ihre Gefühle für Wicca ausdrücken, sich aber auch davor hüten, vor Ihren SchülerInnen zu einem geifernden, missionarischen oder pathetischen Fanatiker zu werden. Stattdessen ist eine feine Ausgeglichenheit angesagt.

### *Vergessen Sie nie, dass es Ihre eigene Entscheidung war zu unterrichten!*

Niemand kann Sie zwingen, irgendetwas zu tun. Sie haben einfach nur Ihren Kreis erweitert und andere Personen eingeladen einzutreten. Diese Tatsache ist ein Grund zum Feiern.

Im Unterricht können vertrackte Situationen aufkommen, aber alles kann irgendwie gemeistert werden. Nach einiger Zeit wird Ihre SchülerIn vielleicht durchblicken lassen, dass sie gerne initiiert werden möchte. Und allmählich wird dieser Wunsch dann immer dringlicher.

Solche Anfragen sollten Sie immer kommentieren. Geben Sie SchülerInnen niemals Anlass zu falschen Hoffnungen. Wenn Sie kein Initiations-Ritual für eine andere Person durchführen wollen, so erklären Sie dies gleich am ersten

Tag. Empfehlen Sie Selbst-Initiation und beschreiben Sie Ihr eigenes Ritual, wenn Sie so wollen. Seien Sie darin sehr entschieden. Manche SchülerInnen nähren dann vielleicht noch immer eine zarte Hoffnung, aber Sie selbst haben wenigstens eine klare Position bezogen.

Wenn Sie prinzipiell bereit sind, Initiationen durchzuführen, aber noch nicht wissen, ob die SchülerIn dafür reif ist, so kündigen Sie eine Abschlussprüfung an – als erste Voraussetzung für einen solchen Schritt. Wenn Sie von der Ernsthaftigkeit der KandidatIn überzeugt sind, so sagen Sie einfach: »Zum richtigen Zeitpunkt!«

Initiations-Rituale sind keineswegs der Höhepunkt einer privaten Unterrichts-Reihe. Im Gegenteil, das kommt eher selten vor. Aber alle SchülerInnen haben den Wunsch danach; damit sind Sie als LehrerIn einfach konfrontiert.

Eine andere unklare Situation kann entstehen, wenn Sie einige Rituale demonstrieren und dann zusammen mit der SchülerIn Rituale abhalten. Das kann zu der falschen Folgerung führen, dass Sie nun einen Coven gebildet haben.

Aber das ist nicht der Fall: Sie halten nicht nach anderen Mitgliedern Ausschau, und die Rituale finden nur im Rahmen der Unterrichts-Stunden statt. Manchmal ist es schwer, das SchülerInnen klarzumachen, die auf das Coven-Modell fixiert sind.

Ich könnte noch sehr viel mehr zum Thema des Lehrens sagen, aber vieles werden Sie selbst auf dem Weg entdecken. Da wir allein praktizierende Wicca-Leute sind, brauchen wir andere nicht unbedingt zu lehren. Aber es kann eine auf vielen Ebenen sehr befriedigende Tätigkeit sein.

Die Erweiterung des Kreises ist ein Engagement für Ihre Religion und ein Fest für Ihren Glauben. Sie ist auch eine unendliche Lernerfahrung. Wie ich immer schon sagte: Wenn Sie etwas lernen wollen, so lehren Sie es.

# Kapitel 23
# Eine lebendige Wicca-Religion

Ich nannte dieses Buch *living wicca*, und zwar aus zwei Gründen. Erstens ist Wicca in der Tat etwas sehr Lebendiges, das sich mehr und mehr verbreitet und immer beliebter wird. Wicca ist am Aufblühen. Man hört den Namen unserer Religion nun häufiger in der Außenwelt, und manchmal auch an Orten, wo man es am wenigsten erwarten würde. Auch die öffentliche Wahrnehmung ist gewachsen, das Verständnis hat zugenommen. Günstig war bei dieser Entwicklung, dass es mehr und mehr aus der Mode kommt, die Begriffe »Hexerei« und »Hexe« zu verwenden.

Der Titel dieses Buches bezieht sich auf die Menschen, die Wicca praktizieren. Wir bemühen uns, ein Wicca-Leben zu führen, wie Mitglieder anderer Religionen versuchen, ihren Glauben in ihre tägliche Existenz zu integrieren. Natürlich sind wir alle keine Super-Wiccas. Wir alle müssen schwierige Entscheidungen treffen, wenn die äußere Welt in unser Leben eingreift. Und manche unserer Entscheidungen müssen zwangsläufig unseren Wicca-Prinzipien zuwiderlaufen. Trotzdem ist es der Mühe wert, es zu versuchen. Denn die Wicca-Praxis erschöpft sich ja nicht in Kerzen, Athamen und Zauberkesseln.

Wenn wir die bewusste Entscheidung getroffen haben, unsere Spiritualität in unser tägliches Leben zu integrieren, so wird sich unsere gesamte Existenz deutlich aufhellen. Schließlich besteht Wicca ja aus der Verehrung für die Quellen, aus denen alles Lebende entsprungen ist. Ich glaube nicht, dass sich die Lehren von Göttin und Gott einzig und allein auf Jahresfeste und andere Rituale beschränkt.

Aber wir brauchen nicht unser ganzes Leben zu verändern, wenn wir Wicca praktizieren. Wir brauchen weder unsere Familie zu verlassen und nach Tibet zu gehen noch all unsere Zeit mit Ritualen zu verbringen. Oft finden die größten Transformationen nicht im materiellen Sein, sondern im Reich des Immateriellen statt. Eine positive Stimmung, verbunden mit dem festen Wissen, niemandem Schaden zuzufügen, ist ein wunderbarer erster Schritt in die Wicca-Existenz. Das kann auch ganz schön schwierig sein – zum Beispiel, wenn wir mitten im Verkehrsgewühl stecken oder um einen Parkplatz kämpfen.

Es gibt kein Scheitern. Wenn wir wütend werden, dürfen wir uns vor Augen halten, dass auch die Gottheiten solche Emotionen haben – obwohl wir sie in diesen Eigenschaften nicht anrufen. Wenn wir gerade in Gedanken waren und Abfall in der Natur weggeworfen haben, so brauchen wir dafür niemand um Verzeihung bitten, höchstens uns selbst, während wir uns nach diesem Stück Verpackung bücken.

Zwei Dinge können wir uns bei unserem Streben nach einem Wicca-Leben vor Augen führen: Erstens gibt es nichts, was – mythologisch gesehen – die Gottheiten nicht getan haben. Sie sind einfach unerschütterlich. Sie verstehen alles, nichts Menschliches ist Ihnen fremd. Zweitens leben wir nicht auf diesem Planeten, um die Gottheiten um Verzeihung zu bitten. Das hieße ja, uns bei unserem Friseur zu entschuldigen, weil unser Haar wächst. Die Erde ist ein Raum, um zu lernen und Erfahrungen zu machen. Wir sind die Studenten. Karma, Leben, wir selbst, andere, die Göttin und Gott sind die Lehrer, und wir können nicht immer alle Antworten kennen. Fehler gehören zum menschlichen Leben. Sie können sich so oft entschuldigen, wie Sie nur wollen. Aber besser ist es, wenn Sie von Ihren Fehlern lernen und sie, wenn möglich, korrigieren. Verzeihen Sie sich und gehen Sie vorwärts.

Wenn wir die Grund-Elemente der Wicca-Religion kennengelernt haben, so ist der nächste Schritt klarerweise die praktische Umsetzung. Wie sehr wir sie in unser normales Leben integrieren, hängt nur von uns ab.

Ich habe dieses Buch nicht nur als Leitfaden für Wicca-Gebräuche, sondern auch für ein umfassendes Wicca-Leben geschrieben. Aber das alles sind nur Ideen und Vorschläge. Wir alle müssen unseren eigenen Weg finden. Mögen die Gottheiten Sie auf dieser Suche begleiten.

Der Segen ruhe auf uns allen!

# *Glossar*

Dies ist sowohl ein Glossar als auch ein Überblick über alle möglichen Wicca-Elemente. Ich habe versucht, dieses Glossar so wenig sektiererisch und so universell wie möglich zu gestalten. Viele Wicca-Traditionen haben ihre eigenen Vorstellungen über einige dieser Begriffe und sind nicht meiner Meinung. Das ist auch so in Ordnung. Kursiv gedruckte Begriffe innerhalb der einzelnen Einträge verweisen auf andere, verwandte Einträge.

**Allein praktizierende Wiccas:** Wiccas, die entweder willentlich oder aufgrund der Umstände ohne Gruppenunterstützung Wicca praktizieren.

**Anrufung:** Beschwörung, Bitte gegenüber einer höheren Macht (oder höherer Mächte). Es geht dabei darum, bewusste Verbindungen mit jenen Aspekten der Göttin und des Gottes herzustellen, die in uns wohnen. Es scheint so, als würden Sie durch unsere Anrufung in Erscheinung treten. In Wirklichkeit macht uns die Anrufung nur wieder auf Ihre Gegenwart aufmerksam.

**Athame:** Ein zweischneidiges, schwarzes Messer, das bei Wicca-Ritualen benutzt wird. Es dient dazu, beim Ritual die *persönliche Kraft* oder *Energie* zu lenken, wird aber fast nie zum Schneiden benutzt. Die Herkunft des Wortes ist ungewiss. Außerdem gibt es im englischen Sprachraum auch unterschiedliche Schreibweisen und Aussprachen dieses Wortes.

**Aufladen, magisches:** Ein magischer Akt, bei dem man seine *persönliche Energie* auf einen Gegenstand übergehen lässt.

**Beltane:** Ein Fest der Wicca-Religion, das am dreißigsten April begangen wird. Es feiert die sprossende Fruchtbarkeit der Erde (und für manche Wiccas auch die Hochzeit von *Göttin* und *Gott*). Im deutschen Sprachgebrauch die »Walpurgisnacht«. Im englischen Sprachgebrauch auch Cethsamhaim genannt.

**Besom:** Der altbekannte Hexenbesen.

**Bolline:** Das Messer mit dem weißen Griff. Es wird bei magischen Ritualen für praktische Zwecke verwendet: zum Beispiel zum Anschneiden eines Granatapfels oder zum Schneiden von Kräutern. Vgl. *Athame*.

**Böse, das:** Dasjenige, das dem Leben abträglich ist. Das Destruktive, Bedrohliche, Korrupte, Vergiftende.

**Buch der Schatten:** Ein Wicca-Buch mit Ritualen, Zaubersprüchen und magischen Traditionen. Früher wurde es von Hand kopiert und bei der *Initiation* an die NovizInnen weitergegeben. Heute haben die meisten *Coven* fotokopierte oder maschinengeschriebene Schattenbücher. Es gibt viele verschiedene Schattenbücher, aber keines, das allgemeine Verbindlichkeit besitzt.

**Coven:** Auch Konvent, Hexenkonvent oder Hexenzirkel. Eine Gruppe von Wicca-Hexen, die meistens durch Initiation in die Gruppe aufgenommen wurden. Sie tritt zusammen, um religiös und magisch zu wirken und wird oft durch ein oder zwei Mitglieder geführt. Die meisten Covens zelebrieren innerhalb einer bestimmten Wicca-*Tradition*.

**Deosil:** Siehe »Uhrzeigersinn«.

**Elemente:** Erde, Wasser, Luft und Feuer. Die vier Elemente durchdringen uns und das ganze Universum. In der *Magie* ist ihre Energie eine Kraftquelle für Rituale aller Art.

**Energie:** Eine allgemeine Bezeichnung für die noch immer unmessbare, aber dennoch reale Kraft, die allen natürlichen Dingen und Lebewesen innewohnt – einschließlich unseres eigenen Körpers. Sie wird in der *traditionellen Magie* verwendet. Vg. *Persönliche Energie*.

**Erd-Energie:** Jene Energie, die Steinen, Kräutern, Feuerflammen, Wind, Wasser und anderen natürlichen Dingen innewohnt. Sie ist manifestierte *Göttliche Energie* und kann in der *Magie* verwendet werden, um notwendige Veränderungen zu erzeugen. Vgl. *Persönliche Energie*.

**Freudenfeuer:** Ein Feuer, das zu magischen Zwecken entfacht wird, normalerweise im Freien. Freudenfeuer werden traditionell beim *Julfest*, zu *Beltane* und zum *Mittsommerfest* entzündet.

**Gebet:** Beim Gebet wird das Bewusstsein auf eine Gottheit gerichtet, um dann mit ihr zu kommunizieren. In Wicca wird das Gebet an die *Göttin* und/oder den *Gott* gerichtet.

**Gesetz des Dreifachen:** Der Wicca-Glaube, dass unsere positiven oder negativen Handlungen in dreifacher Stärke zu uns zurückkommen.

**Glück:** Die Fähigkeit einer Person, zur richtigen Zeit richtige Entscheidungen zu treffen, die richtigen Handlungen zu vollziehen und sich in positive Situationen zu begeben. Unglück erwächst dagegen aus Unverständnis und einer mangelnden Bereitschaft, selbst die Verantwortung für das eigene Leben zu übernehmen.

**Gott:** Gott ist in der Wicca-Religion im Allgemeinen das männliche Prinzip, die vollkommene Ergänzung der *Göttin*. Er wird oft mit der Sonne, mit Wüsten und Wäldern und wilden Tieren identifiziert. In den acht Jahresfesten feiern Wiccas Seine Geburt, Seine Reifung und Vereinigung mit der Göttin und zuletzt Seinen Tod. Der Gott sollte nicht mit der gewohnten christlichen Gottesvorstellung verwechselt werden.

**Göttin:** Es gibt so viele Definitionen der Göttin wie es Wiccas gibt. Im Allgemeinen wird Sie als Schöpferin des Universums betrachtet, als unerschöpfliche, letzte Quelle von Fruchtbarkeit, Weisheit, Liebe, Heilung, Macht und Mitgefühl. Sie wird oft mit dem Mond, dem Meer und der Erde identifiziert und wurde schon immer in vielen Religionen auf der ganzen Erde verehrt.

**Göttliche Energie:** Die unmanifestierte, reine Energie, die in der *Göttin* und dem *Gott* existiert. Die Lebenskraft, die letztendliche Quelle aller Dinge. Mit dieser Energie treten Wiccas während des *Rituals* in Kontakt. Vgl. *Erd-Energie* und *Persönliche Energie*.

**Handfasting:** Eine Heiratszeremonie, bei der sich die Partner gegenseitig die Hände reichen, und zwar so, dass die rechte Hand des Partners die rechte Hand der Partnerin ergreift und die linke Hand des Partners die linke Hand der Partnerin, sodass von oben her gesehen eine Unendlichkeits-Schleife entsteht.

**Hexe:** Ursprünglich eine europäische Heilkundige, die sich der Volks-Magie bediente und dabei auf uralte Heilverfahren, Kräuter, Quellen, Flüsse und Steine zurückgriff. Eine Person, die in der *Hexenkunst* bewandert ist. Später wurde die Bedeutung des Begriffes gezielt verändert und mit negativen Aspekten aufgeladen. Er bezeichnete jetzt verrückte, gefährliche, übernatürliche Wesen, die schwarze Magie betrieben und eine Gefahr für die Christenheit darstellten. (Dieser Veränderung lagen politische, finanzielle und patriarchalische Interessen der damaligen Religion zugrunde.) Diese zweite Definition des Begriffes ist falsch. Viele *Wiccas* bezeichnen sich selbst als Hexen.

**Hexenkunst:** Die *magische* Kunst oder Kraft der Hexen. Meistens unter Verwendung der *persönlichen Kraft* und der Energie von Steinen, Kräutern, Farben und anderen Naturphänomenen. Auch wenn die Hexenkunst einen spirituellen Beiklang hat, ist sie an sich keine Religion. Allerdings wird der Begriff von einigen *Wicca-Hexen* zur Bezeichnung ihrer Religion verwendet.

**Hohepriester:** Ein Mann, der zusammen mit einer Frau Rituale leitet, ein Mann, der eine hohe Ebene der Kompetenz, Leistung und Kenntnis der Wicca-Religion erreicht hat. Meist auch ein Mann, der nicht nur eine, sondern mehrere Einweihungen absolviert hat.

**Hohepriesterin:** Eine höchst erfahrene Leiterin eines *Coven*; eine Frau, die zusammen mit einem Mann Rituale leitet, eine Frau, die eine hohe Ebene der Kompetenz, Leistung und Kenntnis der Wicca-Religion erreicht hat. Meist auch eine Frau, die nicht nur eine, sondern mehrere Einweihungen absolviert hat.

**Imbolc:** Ein Fest der Wicca-Religion, das am ersten oder zweiten Februar begangen wird und die ersten Zeichen des nahenden Frühlings feiert. Auch Lichtmess oder Lichterfest genannt.

**Initiation:** Ein Vorgang, bei dem eine Einzelperson in eine Gruppe, Religion oder Fertigkeit eingeführt wird. Die Initiation kann in einem formellen Ritual oder spontan erfolgen. Auch »Einweihung«.

**Intuitive Wahrnehmung:** Wenn *Wachbewusstsein* und *mediales Bewusstsein* verbunden sind und in Harmonie zusammenwirken, können wir intuitiv wahrnehmen. Intuition beschreibt den Augenblick, in dem mediale Informationen plötzlich ins Wachbewusstsein treten.

**Jul:** Wintersonnwende. Ein Wicca-Fest, das am 21. Dezember begangen wird und die Wiedergeburt des Sonnengottes feiert.

**Kräuter:** Alle Pflanzen, die in der Magie verwendet werden.

**Kreis, magischer:** Ein durch *persönliche Kraft* geschaffener kugelförmiger Bereich, in dem Wicca-Rituale abgehalten werden. Der Kreis bezeichnet die Stelle, an der die Kugel in die Erde eintritt. Die untere Hälfte befindet sich also unter der Erde. In diesem Innenraum können sich die Wiccas mit ihren Gottheiten treffen. Der Kreis wird durch *Magie* erzeugt. Meist wird zu Beginn von magischen Ritualen positive Energie aus dem Körper in diese große, nicht-physische Kugel der Kraft gelenkt. Man nennt diesen Vorgang auch »Erschaffung eines heiligen Raumes«.

**Kuchen und Wein, einfaches Festmahl:** Ein einfaches rituelles Mahl am Ende eines religiösen Rituals, das meist innerhalb des magischen *Kreises* zusammen mit *Göttin* und *Gott* eingenommen wird. Solche Speise-Rituale sind älter als das Christentum. Im englischen Gebrauch kommt statt Wein auch *ale*, also »Bier«, vor.

**Litha:** Sommersonnwende, ein Fest der Wicca-Religion, das um den 21. Juni begangen wird und an dem traditionsgemäß magische Handlungen vollzogen werden.

**Lughnasadh:** Ein Fest der Wicca-Religion, das am ersten August begangen wird und die erste Ernte feiert.

**Mabon:** Herbstbeginn. Tag-und-Nacht-Gleiche. Ein Fest der Wicca-Religion, das am 21. September begangen wird und die zweite Ernte feiert.

**Magie:** Die Bewegung von natürlicher (jedoch feinstofflicher) *Energie*, um positive, notwendige Veränderungen zu manifestieren. Magie heißt Energie mobilisieren, durch *Visualisierung* fokussieren und freisetzen, um eine Veränderung zu bewirken. Dies ist eine natürliche, nicht-metaphysische Handlungsweise.

**Mediales Bewusstsein:** Das Unbewusste oder Unterbewusste, aus dem wir mediale Impulse bekommen. Das mediale Bewusstsein ist aktiv, wenn wir schlafen, träumen und meditieren.

**Meditation:** Reflexion, Kontemplation, eine Wendung nach innen zum eigenen Selbst oder nach außen zum Göttlichen oder zur Natur.

**Ostara:** Frühlingsbeginn, Tag-und-Nacht-Gleiche. Ein Fest der Wicca-Religion, das am 21. März begangen wird und die Wiederkehr der Fruchtbarkeit auf der Erde feiert.

**Pagan:** Gleichbedeutend mit «heidnisch«. Umfasst Wiccas und andere polytheistische Religionen, die mit Magie arbeiten. Heiden sind aber weder Satanisten noch gefährlich oder böse.

Abgeleitet vom lateinischen Wort *paganus* für »Dorfbewohner«.

**Pentagramm:** Ein fünfzackiger Stern, dessen Randlinien in sich verflochten sind. Eine der Zacken weist nach oben. Das Pentagramm wurde lange Zeit als schützendes Emblem verwendet. Heute wird es auch mit dem *Element* Erde und mit Wicca im Allgemeinen assoziiert. Es wird in keiner Weise mit etwas Bösem assoziiert.

**Pentakel:** Ein Ritualgegenstand (meist ein rundes Stück Holz, Ton oder Metall), auf dem ein fünfzackiger Stern (*Pentagramm*) aufgezeichnet, eingeritzt oder gemalt ist. Es symbolisiert das *Element* Erde. Die Begriffe *Pentakel* und *Pentagramm* sind im Wicca-Gebrauch nicht austauschbar.

**Persönliche Energie:** Die Energie, die unseren Körper erhält. Zuerst nehmen wir sie im Uterus von unserer biologischen Mutter auf, später aus Nahrung, Wasser, Mond, Sonne und anderen Kräften der Natur. Durch Stress, Sport, Sexualität, Empfängnis und Geburt geben wir persönliche Energie ab. *Magie* ist meist die Mobilisierung persönlicher Energie zugunsten eines bestimmten Zieles.

**Reinkarnation:** Die Lehre von der Wiedergeburt, einer der Wicca-Glaubenssätze. Der Prozess wiederholter Inkarnationen erlaubt die Entwicklung der geschlechtslosen, alterslosen menschlichen Seele.

**Ritual:** Zeremonie. Die Veränderung von Gegenständen oder inneren Zuständen, um eine wünschenswerte Veränderung herbeizuführen. In der Religion dient das Ritual der Vereinigung mit dem Göttlichen. In der *Magie* fördert es einen Bewusstseinszustand, der es dem Magier erlaubt, Energien auf ein bestimmtes Ziel zu lenken. Auch der *Zauber* ist ein magisches Ritual.

**Ritualgegenstände:** Ein grundlegender Wicca-Begriff, der die nötigen Instrumente zur Durchführung eines Wicca-Rituals – Weihrauchgefäße, Weihrauch, Zauberstäbe, Kerzen, Salz, Wasser – bezeichnet. In manchen Arten der

*Magie* bezieht er sich auch auf Steine, Kräuter, Farben und andere Kraftquellen, die in *Zauber*-Ritualen vorkommen.

**Rituelles Bewusstsein:** Ein besonderer, alternativer Bewusstseinszustand, der für den Erfolg der *Magie* unerlässlich ist. Der Magier erreicht ihn durch *Visualisierung* und *Ritual*. Der Begriff bezeichnet einen Zustand, in dem das *Wachbewusstsein* und das *mediale Bewusstsein* in Harmonie sind. Erst dadurch kann der Magier Energie erspüren, sie auf ein Ziel richten und freisetzen. In diesem Zustand sind alle Sinne geschärft und das Bewusstsein erweitert, sodass auch die scheinbar unkörperliche Welt erfahren werden kann. Man verbindet sich mit der Natur und dem göttlichen Urgrund hinter den Dingen.

**Runen:** Stabähnliche Figuren. Zum Teil in Anlehnung an das alte germanische Alphabet, manchmal auch Piktogramme. Diese Symbole werden häufig bei *Magie* und *Weissagung* eingesetzt.

**Sabbat:** Englischer Begriff für die 8 Jahresfeste. Genauere Erklärungen finden sich unter den Einträgen *Beltane, Imbolc, Litha, Lughnasadh, Mabon, Ostara, Samhain* und *Jul*.

**Samhain:** Ein Fest der Wicca-Religion, das am 31. November begangen wird und die letzte Ernte sowie die Vorbereitung für den Winter zum Thema hat. Auch Allerheiligen, Totenfest oder Halloween genannt.

**Segen:** Die Übertragung von positiver *Energie* auf eine Person, einen Ort oder einen Gegenstand. Dies ist ein spiritueller oder religiöser Akt.

**Traditionelle Magie:** Die magische Verwendung von *Persönlicher Energie* in Verbindung mit natürlichen *Ritualgegenständen*, die in einem nicht-religiösen Rahmen positive Veränderungen zu erzeugen sucht.

**u. Z.:** Abkürzung für »unserer Zeitrechnung«. Entspricht der früheren Zeitbestimmung »nach Christus«.

**Uhrzeigersinn:** Die traditionelle Form der Bewegung in

positiver Magie und bei Wicca-Ritualen. Wenn Sie vor einem Baum stehen, so drehen Sie sich nach links und umrunden ihn kreisförmig. Im Englischen nennt man dies auch *deosil*-Bewegung.

**v. u. Z.:** Abkürzung für »vor unserer Zeitrechnung«. Entspricht der früheren Zeitbestimmung »vor Christus«.

**Visualisierung:** Das Herstellen von mentalen Bildern. Bei der magischen Visualisierung wird während des *Rituals* im Geiste ein Bild des angestrebten Ziels geformt. Eine Funktion des *Wachbewusstseins*.

**Wachbewusstsein:** Der analytisch-rationale, materiell ausgerichtete Teil unseres Bewusstseins. Dieser Teil unseres Geistes ist aktiv, wenn wir unsere Steuern berechnen, Theorien aufstellen oder uns mit abstrakten Ideen herumschlagen. Vgl. auch *mediales Bewusstsein*.

**Weihe:** Die Übertragung von heiliger Energie auf Ritualgegenstände und magische Riten, die in der Wicca-Religion in besonderen Ritualen stattfindet.

**Weihrauchgefäß:** Ein hitzebeständiger Behälter, in dem Weihrauch verbrannt wird. Es symbolisiert das Luft-Element.

**Weissagung:** Die magische Kunst, das Unbekannte durch die Interpretation von zufälligen Mustern oder Symbolen zu erforschen.

**Wicca:** Eine zeitgenössische *pagane* Religion mit spirituellen Wurzeln im Schamanismus, der historisch frühesten Form der Naturverehrung. Die Natur wird dabei als Manifestation des Göttlichen verstanden. Wicca betrachtet das Göttliche als Göttin und Gott, ist also polytheistisch. Sie akzeptiert auch den Einsatz von *Magie* sowie die Lehre von der Reinkarnation. Rituelle Feste feiern den Vollmond und andere astronomische Phänomene auch im Zusammenhang mit dem Ackerbau. Wicca hat keinen Zusammenhang mit Satanismus.

**Wicca-Tradition:** Eine organisierte, strukturierte Untergruppe der Wicca-Bewegung, die meist ihre eigenen

Initiations- und Ritual-Formen hat. Die Grundlage jeder einzelnen Tradition ist ihr *Buch der Schatten* sowie bestimmte mündliche Anweisungen, die nur Eingeweihten zuteil werden. Die meisten Traditionen bestehen aus mehreren Covens. Die meisten davon akzeptieren Mitglieder anderer Traditionen als Wiccas. Es gibt viele solcher Traditionen; die bekannteste von ihnen ist wahrscheinlich die Gardner-Tradition.

**Widdershins:** Gegen den Uhrzeigersinn.

**Zauber/Zauberspruch:** Der wichtigste Bestandteil der traditionellen Magie, ein magisches Ritual. Meist nichtreligiöser Natur und oft von Worten unterstützt.

**Zauberstab:** Einer der *Ritualgegenstände* im Wicca-Gebrauch. Ein Hilfmittel bei *Anrufungen*, wird meistens eingesetzt, um sich an die *Göttin* oder den *Gott* zu wenden.

# Register